Nathalie Lefèvre

Irrésistible

LAROUSSE

Direction de la publication : Isabelle Jeuge-Maynart et Ghislaine Stora
Direction éditoriale : Élodie Bourdon
Édition : Mélissa Lagrange
Conception de la couverture : Marion Alfano
Conception de la maquette intérieure : Florian Hue
Préparation de copie : Muriel Villebrun
Mise en pages : Nord Compo
Relecture sur épreuves : David Lerozier
Fabrication : Donia Faiz / Marina Dartigues Plum
Illustration p. 110 : © Hung Ho Than et Shutterstock, adaptée par Nord Compo

ISBN : 978-2-03-605548-3

À ma chatte Simone et à mon tonton Michel.

Sommaire

Crise de foi

« I have not failed.
I've just found 10 000 ways that won't work. »[1]

Thomas Edison

1. « Je n'ai pas échoué. J'ai simplement trouvé 10 000 solutions qui ne fonctionnent pas. »

Il est précisément 3 h 24 du matin lorsque je vous écris ces lignes. Nous sommes en plein cœur d'un mois de juin caniculaire. C'est presque devenu habituel de démarrer l'écriture d'un ouvrage à cette période. Comme si, à l'abord de chaque été de ma vie, il me faut me délester des mots que je tiens à vous confier à travers mes livres. Comme s'il me fallait renaître et transmuter, à travers l'exercice hautement initiatique d'écrire et de livrer ce qu'on a de plus profond en soi. De plus vrai.

Si je vous écris au beau milieu de la nuit, c'est parce que le livre a choisi de démarrer son chemin ce soir, précisément en ces instants. « Ce soir, je ne dors pas », comme chantait France Gall, et c'est clairement « la toute toute première fois » depuis bien longtemps. L'insomnie n'est pas un exercice connu. Je le trouve périlleux à dépasser. Surtout quand on se sent à la fois épuisée et agitée. Quand aucune part de nous n'arrive à trancher, et qu'on perdure dans cet état flottant, presque passif, si ce n'est parfois inspirant.

Ça m'arrive tellement rarement de ne pas réussir à dormir que je suis là, face à vous, les doigts sur mon clavier, dans le silence de la nuit noire. Paris est paisible, mais mon esprit, lui, est bruyant. Dans trois jours, je signerai les papiers qui marquent la fin de mon mariage. Après plus d'un an et demi de séparation, avec mon ex, nous allons finalement divorcer. Et depuis que je suis sortie de la gare de Lyon hier, aux alentours de 18 heures, je n'ai cessé d'être brassée. Et ça me surprend. Car voilà déjà des mois que nous vivons nos vies séparément et que nous en sommes satisfaits.

Pourtant, depuis hier, je pleure à la perspective de cette date. Au point, ce soir, d'être incapable de dormir. J'ai chaud, mal à la tête, l'impression d'avoir une gueule de bois légère mais tenace. Je sens que des choses me travaillent en profondeur et je laisse faire. Je jette un coup d'œil à mon portable, il est 3 h 43 et je tombe sur la phrase que j'ai affichée, il y a quelques jours, en fond d'écran de mon téléphone : « J'obtiens facilement tout ce que je désire. » C'est mon affirmation du moment, j'essaye de me l'imprimer dans le crâne. Ça ne peut être qu'utile, même si, à ce moment-là, je la trouve plutôt ironique !

Depuis qu'avec Élodie, mon éditrice chez Larousse, nous avons évoqué ensemble l'idée du projet, j'ai commencé à m'ouvrir au processus. Ayant déjà écrit et publié trois livres, je commence à bien connaître mon mécanisme d'inspiration et de création. Un peu comme une quatrième grossesse, je n'appréhende ni la gestation ni l'accouchement. Je sais qu'il faut laisser faire, avoir confiance, s'offrir du temps seule et se laisser guider par ce qui m'attire et que j'ai envie d'explorer. Mes périodes d'écriture sont puissantes et fécondes. C'est un peu comme si j'allais à l'école de mon sujet, et tout en vous le retransmettant, je l'intègre.

Et justement, ce livre que je découvrirai avec vous au fil de son écriture, ne sachant moi-même absolument pas où il nous mènera, aura pour fil rouge le sujet de l'attraction. C'est celui qui est apparu à Élodie, un jour de comité de rédaction chez Larousse, et qui l'a immédiatement poussée à m'écrire un mail : « J'ai tout de suite pensé à toi pour écrire sur le sujet. Fais-nous un truc à la Nathalie Lefèvre. » C'est sûr que c'est flatteur de lire qu'on reconnaît notre empreinte et notre regard singulier sur les choses ; qu'on nous fait assez confiance pour signer un contrat sans même avoir lu quoi que ce soit ! Mon éditrice croit en moi, et moi, je suis dans une période de ma vie où j'ai la sensation que tout m'échappe. C'est très paradoxal.

Je vis à l'intérieur de moi depuis bientôt trente-trois ans et je sais que ces périodes de transition peuvent exister. Qu'à des moments de nos vies nous perdons tout repère pour en inventer de nouveaux, pour se réinventer sur le fond, mais surtout dans la forme. En ce moment, je vis une crise de la quarantaine avant l'heure, une crise de foi sans symptômes, muette et latente. Rien ne se passe comme prévu, et depuis quelques semaines, malgré une foi absolue en des réponses imminentes, rien ne bouge. Du moins de l'extérieur. Or, je me considère justement comme une femme du monde extérieur, comme une femme d'horizon. Actuellement, d'apparence, c'est le calme plat. Par contre, à l'intérieur, je peux vous dire que c'est l'agitation maximum.

« À des moments de nos vies, nous perdons tout repère pour en inventer de nouveaux. »

J'ai passé une dizaine d'années à surfer sur la vie avec une agilité qui m'a moi-même déconcertée à certains instants. Cela ne veut pas dire que je n'ai pas eu des doutes, mais j'ai surtout rencontré mes certitudes. Évidemment, en tant qu'humaine, j'oscille entre un courage à toute épreuve et des peurs qu'on peut imaginer insurmontables. Mais les peurs justement, j'ai appris à en faire quelque chose. Je viens de passer une décennie à les dépasser, à aller au-delà des murs qu'elles avaient érigés, et cela m'a offert la rencontre avec de véritables miracles, des opportunités incroyables, des attractions parfaites. Je me suis sentie si puissante, et aujourd'hui, c'est étrange, mais ce que je ressens, c'est que je vais apprendre à devenir humble. Pas à la place, mais en plus. Je vais ajouter à ma manière d'exister une corde encore plus subtile, et peut-être moins sensible.

1

Dépoussiérer le divin

« La théorie, c'est quand on sait tout et que rien ne fonctionne. La pratique, c'est quand tout fonctionne et que personne ne sait pourquoi. »

Albert Einstein

La loi de l'attraction est un sujet qui m'est tombé dessus il y a fort longtemps. À l'époque, j'étais directrice et animatrice d'une webradio sur les médecines naturelles et le développement personnel appelée Radio Médecine Douce, et j'ai commencé à recevoir un nombre conséquent de livres, traitant de notre pouvoir d'attraction, et nous encourageant à « manifester » et à créer ce que nous souhaitons vivre. Et lorsque nous creusons petit à petit le sujet, il bifurque rapidement de la question de « Comment puis-je attirer ce que je souhaite vivre ? » à « Pourquoi j'attire ce que je dois vivre ? » Car nous saisissons vite, à travers les transmissions de nombreux auteurs, que nous rencontrons dans nos vies les événements et expériences dont nous avons besoin pour évoluer. Ce qui amène très vite le propos sur le terrain de la résilience – à savoir, notre capacité à accepter les événements tels qu'ils arrivent, et à les rendre significatifs à ce moment précis de nos vies.

Beaucoup d'auteurs nous enseignent des méthodes à appliquer pour attirer nos désirs et apprendre à « manifester », c'est-à-dire « obtenir rapidement et sans effort » les situations et opportunités dans lesquelles nous nous épanouirons. Je viens de passer ces deux derniers mois à lire les livres les plus recommandés sur le sujet, afin de mieux saisir leur *mood*. J'ai soigneusement sélectionné les ouvrages qui promettent de faire naître en nous le pouvoir magique de claquer des doigts et de recevoir ! Parce qu'on ne va pas se leurrer, tout le monde en rêve… Et parallèlement à mes lectures, j'ai appliqué les méthodes préconisées : réciter des mantras, travailler mes pensées, mon énergie et mes intentions. J'ai prié chez moi, à l'église, dans les cimetières, les crématoriums, les temples, les jardins et les lieux de culte inventés par mes soins. En préparation du travail introspectif d'écriture, je suis entrée dans une expérience totale et absolue de ce sujet, pour vous en retransmettre la matière de la manière la plus vivante possible ; et pour ne pas débarquer face à vous avec de grandes phrases inconsistantes, qui font bien en théorie, mais qui vous seront inutiles en pratique.

Pour être transparente avec vous, le livre devait commencer par le récit de ma dernière rencontre amoureuse. Je me disais que ce serait un fabuleux point de départ. En effet, ouvrir ces pages sur la matérialisation d'un de mes plus grands désirs aurait sûrement été le meilleur exemple de mes pouvoirs créateurs. Mais voilà, l'histoire s'est terminée. J'ai donc repris mes notes et effacé d'une traite les premières pages de ce qui aurait dû être les prémices de cet écrit. Cependant, je tiens à vous raconter cette anecdote, parce qu'elle détient un apprentissage précieux, pour la suite de ce que j'ai à cœur de vous partager.

Nous sommes le 9 mars. La veille, j'ai rompu contact avec un homme que je fréquentais depuis le Nouvel An. Rien n'allait dans cette histoire. Lui était dans un besoin d'explorer, de faire énormément la fête, et de vivre l'instant présent, alors que moi, j'entrais dans une période où ce dont j'avais le plus envie était de construire. Notre histoire a démarré à 7 heures du matin, le 1er janvier 2023, dans un état plus que second, et s'est donc terminée en ce jour symbolique du 8 mars, Journée internationale des droits de la femme. Ce jour-là, j'ai repris mon devoir d'aller dans la bonne direction pour moi. Parfois, on a besoin de se perdre – en tout cas, chez moi, ça marche comme ça. Je m'égare complètement à des périodes de ma vie, m'autorisant toutes les escapades, les transgressions et les élans vers mes envies, même celles qui sont parfois incohérentes. Jusqu'au jour où je me réveille, et qu'il est temps de reprendre la direction profonde de ce que je souhaite réellement me faire vivre. Je me suis donc réveillée ce jour-là et j'ai acté la fin de l'égarement. Souvent, lorsqu'on prend une bonne décision pour soi, on se réveille le lendemain soulagé. Les heures qui suivent peuvent être hésitantes, mais si nous avons œuvré au juste endroit pour soi-même, on se sent très vite aligné, c'est-à-dire en accord avec soi. À ce moment-là, j'ai un ami d'enfance, Rudy, qui passe quelques jours à la maison. Je lui propose par ce temps radieux d'aller déjeuner dans le village d'à côté. Nous grimpons donc sur mon scooter et dix minutes plus tard, le 9 mars donc, nous sommes à la terrasse d'un resto en plein soleil, à siroter du vin blanc et à déguster un délicieux repas.

Honnêtement, en cet instant, tout est sublime ! Nous sommes au rendez-vous de la perfection des éléments, de la bonne compagnie, d'un moment léger et agréable qui nous fait oublier tout le reste. Juste du bien-être. Si je vous décris ces éléments, c'est qu'ils ont leur importance. En général, dans la vie, les opportunités ou heureux hasards nous tombent dessus lorsque nous ne les cherchons plus. Lorsque nous sommes happés par le délice de vivre l'instant présent. Et cela se vérifie dans nos existences à tous. Les gens vous raconteront toujours que des choses exceptionnelles leur sont arrivées alors qu'ils avaient cessé de les attendre, mais jamais de les espérer. Ça peut porter à confusion, dit comme ça, parce que, même si ce n'est pas difficile à comprendre, c'est infiniment subtil à intégrer.

Quand on veut quelque chose, on est insistant, persistant, en boucle. On ne lâche pas parce qu'on fait de nos désirs de véritables obsessions. On se raconte que, sans obtenir ceci ou cela, notre vie n'est pas complète. Nous nous sentons parfois vides, souvent boiteux. Nous nous faisons croire que notre épanouissement dépend des autres, de l'amour, de l'argent, d'un enfant, d'une maison, d'une stabilité personnelle, affective, familiale. Nous luttons pour parvenir à vivre autre chose que notre présent. Nous passons des heures sur les réseaux sociaux à croire que, pour les autres, tout est simple et évident. Nous nous comparons, nous perdons dans nos projections et ne sortons pas du cycle infernal de nos manques, de nos attentes et de nos incertitudes.

Soyons clairs : lorsque nous désirons quelque chose ardemment, nous devenons comme ces enfants au supermarché, obsédés par un gâteau qu'ils ont vu en publicité à la télévision et qui ne lâchent rien pour l'obtenir. Sommes-nous capricieux ? Désespérés ? En tout cas, dans ces moments-là, vous comme moi, nous nous sentons désemparés. Parce que nous plaçons la satisfaction de notre désir entre les mains d'une autorité extérieure : l'autre. Tout comme lorsque nous étions enfants, nous devions attendre l'approbation de nos parents pour obtenir ce que nous souhaitions. Adultes, nous nous rendons malheureux en ne prenant pas nous-mêmes notre responsabilité à nous faire vivre ce qui nous épanouit. Nous ne choisissons pas de faire dépendre nos désirs, nos envies, nos accomplissements ou nos réalisations de nous-mêmes. Et c'est exactement à cet endroit précis que le bât blesse…

Je reviens maintenant à mon récit initial. Ce 9 mars, aux alentours de 15 heures, nous quittons le lieu où nous venons de déjeuner. Nous passons devant une église que j'aime beaucoup et je demande à Rudy de m'attendre. Il m'arrive assez régulièrement d'aller prier dans les lieux de culte. Je ne me sens connectée à aucune religion particulière et à toutes en même temps. J'entre dans l'église, trempe ma main dans l'eau bénite et m'en asperge le front. Tant qu'à être dans une église, autant utiliser toutes les croyances à l'œuvre. Depuis peu, je fais même le signe de croix. J'ai la sensation que ça me connecte à l'énergie globale du lieu en me faisant adhérer, l'espace de quelques minutes, à ces pratiques. Je m'avance doucement et déambule dans cet environnement à la fois froid, humide et pénétrant.

J'arrive au niveau du petit comptoir où sont disposées les bougies. J'achète deux cierges, un pour mes proches et un pour moi. C'est mon amie Juliette qui m'a inspirée. Quand elle se rend à l'église, elle achète plusieurs cierges pour les personnes qui lui sont chères, et particulièrement pour celles pour lesquelles elle souhaite prier. Je glisse mes pièces dans l'urne prévue à cet effet, et je saisis une allumette afin d'embraser le premier cierge. Je me souviens précisément de l'avoir dédié à ma famille, mes amis, en demandant à Dieu de prendre soin d'eux et de veiller à les accompagner afin qu'ils se sentent les plus heureux possible. Lorsque j'allume mon second cierge, le ton change et je m'adresse à Dieu avec ces mots : « Bon, on va pas tergiverser. Tu connais mon désir de vivre une histoire d'amour époustouflante, et là, honnêtement, je galère ! Tu sais à quel point je rêve depuis petite fille de vivre ça et que je ressens le besoin de ce socle pour partir encore davantage à l'aventure de ma vie, me sentir accomplie, épanouie, heureuse. Alors maintenant, Dieu, bouge-toi le c**, il est temps de m'apporter mon miracle ! » Cette prière aux allures de règlement de comptes illustre parfaitement la posture attentiste dans laquelle j'étais à ce moment-là de ma vie.

Dans de nombreux livres sur la loi de l'attraction, on vous transmettra l'importance de s'en remettre à ses guides, à Dieu, à l'univers, ou à ce que vous choisissez pour désigner la *magie du vivant*. J'ai lu les descriptions détaillées des différents archanges et comment reconnaître le sien, découvert dans certains livres des prières, souvent très policées, un peu lèche-bottes, du style : « Je m'en remets à votre autorité suprême, chers maîtres ascensionnés. » Je ne sais pas si ça vous parle, mais alors moi, pas du tout ! Je respecte toutes formes de croyance, quelles qu'elles soient, et le plus important, je pense, c'est qu'il faut toujours que le fond et la forme vous parlent, avant de décider d'adhérer à une vérité. Personnellement, j'ai du mal avec l'idée de soumission. De m'en remettre à « plus grand », c'est une chose assez sublime, une expression même d'humilité. Mais nous confondons parfois humilité et soumission. Et puisque le but ultime est d'accéder à notre pouvoir créateur, attendre que cela nous tombe dessus, alors que nous restons allongés en étoile de mer, n'est pour moi pas la bonne posture. Demander de l'aide est important : à soi-même et aux autres évidemment, qu'ils soient vivants ou abstraits. Mais tout attendre de l'extérieur ne vous mènera jamais à ce que le divin a choisi de vous faire expérimenter.

> *« Tout attendre de l'extérieur ne vous mènera jamais à ce que le divin a choisi de vous faire expérimenter. »*

Nous ne contrôlons pas les événements, du moins leur déroulé, et c'est important de l'accepter. Au fil de nos expériences de vie, nous accumulons les déconvenues. Et à force d'y être confronté, cela peut devenir compliqué de continuer à y croire (au grand amour, à la réussite d'un projet, à une liberté financière…). À force de refus, on finit par se décourager. Je ne pensais pas que les années nous rendaient frileux aux expériences contrariantes, mais c'est le cas. Cependant, vous découvrirez à mes côtés, et au fil de cet ouvrage, l'importance d'inscrire notre manière d'exister dans une démarche souple. Un peu comme le corps, qui vieillit mieux lorsque vous continuez à l'assouplir, et à empêcher qu'il se rigidifie avec tous les problèmes de santé que cela engendre, l'esprit, me semble-t-il, fonctionne de la même manière. Il faut tout faire pour continuer à être flexible avec les années. Demeurer vif, résilient, curieux, malléable et enthousiaste. Capable de flexion intérieure, de changement d'avis, d'évolution positive et de capacité à se créer des expériences nouvelles pour ne jamais se donner l'impression à soi-même d'avoir tout vu, tout entendu ou tout compris.

C'est dingue d'observer que tellement de gens courent après l'éveil spirituel comme s'il représentait le graal : la sensation d'un esprit libéré, qui a saisi les tenants et les aboutissants de cette existence, et qui s'en remet naturellement à elle. Personnellement, je ne cherche pas l'absolue connaissance, mais plutôt la fluidité. Je cherche à trouver et retrouver mon équilibre dans le déséquilibre – lorsque la vie prend des tournants abrupts et inattendus, lorsque l'existence devient bouleversante et même incompréhensible. Je veux continuer d'expérimenter ma capacité de rebond, de foi, de retour au sens et à l'intelligence du vivant. C'est ça que je cherche à faire grandir en moi, et c'est par le partage de certaines de mes étapes de vie que nous tisserons le propos qui constituera le fil de cet ouvrage.

L'effet miroir est très libérateur. Nos expériences humaines individuelles sont souvent collectives, et en étant dans l'expression intime, nous pouvons toucher à l'universalité des sentiments humains. La rencontre amoureuse fait partie des domaines dans lesquels nous nous reconnaissons tous. Nos histoires sont originales mais parlent de celles des autres. Et pour en revenir à mon récit, lorsque je sors de cette église et retrouve mon ami, nous marchons dans le village afin de trouver un distributeur automatique. En passant devant une boutique, je lui signale que le vendeur de cet endroit est plutôt canon. Au moment de retirer les sous, je me retourne et le vois en vitrine en train de me fixer. Je parie qu'à ce moment-là, lui s'est dit : « C'est tout à fait mon genre de femmes, j'espère qu'elle va entrer. » Et moi, je ne me suis rien dit, mais mes jambes ont juste marché d'elles-mêmes vers l'entrée et n'en sont ressorties qu'avec le numéro du mec entre les mains, manuscrit, sur un bout de papier. J'ai adoré qu'il m'écrive son contact à la main, et fleur bleue que je suis, j'ai longtemps gardé cet échantillon de mon audace dans la poche de ma veste en jean. Nous avons vécu quelques semaines d'une jolie histoire, même s'il ne s'est pas avéré la personne que j'attendais de rencontrer. Au fond, puisqu'il paraît qu'on ne rencontre pas ce qu'on veut, mais ce dont on a besoin, j'ai pris cette expérience comme un enseignement de l'Amour. Celui que je souhaitais vivre. Et à travers cette rencontre, j'ai pu réaliser que je n'étais plus prête à accepter ceux qui n'arrivent pas à choisir simplement d'être heureux et de profiter de la vie.

Nous avons tort de prendre comme un échec la fin d'une histoire d'amour car c'est d'une grande force d'apprentissage. On devrait recevoir, dès l'école, l'idée que les séparations et les deuils sont des espaces dans lesquels expérimenter l'union. Paradoxalement, lorsqu'une personne quitte nos vies, c'est toujours une occasion de nous rapprocher de nous-mêmes, de notre entourage, de la vie, de la foi même. Je vous partage ces mots quelques semaines après le décès de mon oncle Michel, dont j'étais très proche et que j'aimais énormément. Sa mort a rassemblé la famille, et j'ai commencé à tisser une merveilleuse relation avec sa femme, Sophie, que je n'avais pas eu l'occasion d'autant découvrir lorsqu'elle était encore auprès de lui. Ce n'est pas toujours le *happy ending* qui survient chez les familles endeuillées, je vous l'accorde, mais ce que je souhaite dire, c'est que la séparation et la mort sont parfois l'occasion de découvertes et de retrouvailles. Lorsque j'ai vécu des séparations amoureuses, cela m'a rapproché de mes parents parce que j'ai travaillé sur les héritages qu'ils m'avaient légués. En cheminant pour dissoudre et réinventer les schémas dans lesquels je m'inscrivais, j'ai pu exprimer à mes géniteurs ce que j'avais sur le cœur, initier des échanges profonds et qui libèrent – même s'ils ne sont pas toujours faciles à avoir. J'ai aussi redécouvert pleinement l'importance de mes amis, de leur incroyable présence à mes côtés, de leur soutien sans faille. C'est magnifique d'avoir des occasions de demander de l'aide et de la recevoir.

Et puis, *last but not least*, j'ai instauré avec moi-même un rapport encore plus clair, confiant, aimant. J'ai pris la responsabilité de mes (dys)fonctionnements et de mes attractions, c'est-à-dire ce que j'attirais dans ma vie et qui ne me plaisait pas, mais que, pourtant, j'attirais quand même. La première étape pour devenir l'aimant de notre plus beau destin, c'est de faire un immense tri et de « jeter » ce qui nous encombre. À l'intérieur de nous vit une somme inconsidérée de concepts et de croyances qui ne nous appartiennent même pas. Notre rôle est de les passer en revue au fur et à mesure de nos expériences de vie, et de décider si nous souhaitons de notre plein gré y adhérer. Demandons-nous si cela correspond à notre conception de la vie et de ce qui est important, pour nous, de nourrir. Nous filtrons ainsi le stock d'idées préconçues qu'on prend pour des vérités, qu'on ne cesse de se raconter et dans lesquelles nous nous inscrivons. En effet, nous accédons à une partie de ces croyances consciemment, mais le plus gros morceau se trouve logé à un endroit où la psyché n'est pas toujours prête à dévoiler ses secrets : l'inconscient.

Si je vous transmets cela dès le début de ce livre, c'est pour être très franche avec vous : cela ne servira à rien d'adhérer aux rituels de la loi de l'attraction, de griffonner chaque matin vos vœux, vos souhaits ou de réciter vos mantras, si vous ne travaillez pas en premier lieu à démêler vos cercles vicieux, les schémas de répétition dans lesquels vous êtes continuellement bloqué et qui vous empêchent de laisser s'exprimer votre pouvoir créateur. Une fois que le boulot sera fait, là, il sera bien plus évident d'agir, d'écouter votre instinct – le vrai et pas celui qui vous fait retourner vers ce que vous connaissez. On prend souvent pour des évidences les espaces dans lesquels nous recontactons des sensations connues, y compris si c'est de la tristesse, du désarroi ou de la violence. Tant qu'on reconnaît les schémas, on adhère à eux comme un scratch, même si notre pensée consciente tente de nous en dissuader. Le fameux « C'est plus fort que moi » veut tout dire et illustre parfaitement mon propos : c'est plus fort que votre volonté, plus fort que vos bonnes résolutions, plus fort que vos profonds et réels désirs. Et à force d'adhérer à ce qui prend le pouvoir sur nous, nous en perdons notre pouvoir. C'est aussi simple que ça. À l'endroit où vous vous sentez incapable de sortir d'une relation qui ne vous rend pas heureux, faire vivre un projet qui compte, ou même vous libérer du regard des autres et vivre comme bon vous semble, vous vous éteignez petit à petit. Et surtout vous mettez des coups d'extincteur au pouvoir que vous avez, qui pourrait vous permettre de créer une vie dans laquelle accéder à ce qui compte.

Cette rencontre que je vous décrivais m'a montré que ma capacité de refus était en train de grandir. Je m'explique. Pendant longtemps, j'ai été comme aveuglée et, comme nous le disions plus haut, dans la reproduction de schémas plutôt que dans une création libre et basée sur ce que je suis vraiment. Ainsi, dans certaines de mes relations amoureuses, j'ai pris pour des évidences les retrouvailles avec des failles affectives bien connues, avec des schémas qui me rappelaient ce que j'avais intégré avec mes parents dans l'enfance. J'avais cette impression de créer du neuf puisque la forme n'était pas du tout la même que ce que j'avais pu vivre comme modèle. Cependant, j'ai dû me rendre à l'évidence : le fond était le même. Petit à petit, depuis ma séparation avec mon mari, j'ai mis en exergue tous les dysfonctionnements que je rejouais, attirais et créais aussi dans ma relation à l'autre. Et, surtout, ce que je n'arrivais pas à refuser.

J'ai toujours su dire non. Je me suis sûrement bien entraînée avec ma mère pendant l'enfance. Pourtant, malgré cette apparente capacité à me positionner, j'ai longtemps été incapable de réagir autrement qu'à travers mes peurs, mes souffrances et mes blessures dans le domaine affectif. Je ne rêve pas d'une vie amoureuse compliquée, je rêve d'une vie de femme libre et épanouie. Et pour être très transparente avec vous, jusque-là, j'ai attiré des schémas de couple dans lesquels je n'ai jamais pu vivre ce que je ressentais au plus profond de mes tripes. J'assiste tous les jours à la relation que je m'offre à moi-même. Elle est belle, simple, facile. Pas du tout à l'image de ce que je peux vivre avec un autre. Et peut-être que pour vous, le domaine affectif est fluide, mais c'est le domaine professionnel, financier ou un espace tout autre, qui vous a semblé, avec les années, devenir un enjeu à transformer.

Ce que je tiens particulièrement à vous transmettre, c'est qu'il y a, dans nos expériences de fins, l'opportunité de nouveaux départs. Je sais, ça fait bateau dit comme ça, mais je voudrais que cette phrase se grave petit à petit en vous, un peu comme un tatouage. Que l'encre s'infuse sous votre peau et que cette croyance vous devienne rapidement une expérience. Croire de nouveau en soi, en son présent, en ses capacités extraordinaires. Nous en avons tous et elles s'activent facilement lorsque vous rompez avec ce qui les freine. Surtout quand on pense à l'idée d'arrêter des relations qui n'honorent pas qui nous sommes et ce que nous souhaitons devenir. Cependant, à mes yeux, il n'y a pas mille solutions pour reprendre son pouvoir créateur et attirer ses plus belles opportunités, celles dont on ne se rend même pas compte à quel point elles vont nous rendre heureux.

Il faut se mettre à croire à des choses que l'on n'a jamais connues, à pousser notre imagination jusqu'à ressentir un bonheur délicieux, dans une simplicité qui nous dépasse tant nous sommes habitués aux problèmes et aux difficultés. Je sais, ça paraît fou, mais c'est là que réside notre levier d'action. Imaginer, croire, puis créer. Première étape : trier le « trop » et s'en délester. Et deuxième étape : bâtir le miracle, du moins, lui préparer un véritable écrin. Sinon, c'est un peu comme si vous alliez dîner dans un restaurant gastronomique après avoir grignoté des cochonneries toute la journée. Votre palais sera sûrement saturé de saveurs qui ne sont même pas nourrissantes et vous risquez de passer à côté d'un délice pour vos papilles qui en auraient pleinement profité si elles avaient été à jeun, prêtes à recevoir. Bref, vous avez compris l'idée. À force de grignoter de la merde, on n'a plus de place pour le succulent. Et cela s'applique à absolument tous les domaines de notre vie.

> « *À force de grignoter de la merde, on a plus de place pour le succulent.* »

Pour vous accompagner sur ce chemin de la liberté, d'émancipation totale vis-à-vis de vos difficultés permanentes et de vos réflexes de survie, je vous propose de mener l'enquête, afin d'élucider la source de ce qui tournoie sans cesse dans votre vie et de vous en libérer. Il faut bien comprendre que je ne serai qu'un témoin dans cette démarche : vous seul franchirez les étapes et découvrirez petit à petit votre courage à exister, dans ce que vous êtes et qui compte pour vous. Je sais que de nombreuses peurs et résistances existent encore entre vous et l'obtention de ce que vous souhaitez vivre. Et c'est exactement sur ce chemin qu'on découvre sa force, c'est pour cela qu'il est primordial de ne pas chercher à être sauvé, ni par un thérapeute, ni par un livre, ni par qui ou quoi que ce soit entre les mains desquelles vous remettez votre pouvoir. Tout cheminement consiste justement à reprendre ce pouvoir, petit à petit, parfois par d'infimes actions, parfois par d'incroyables manifestations, et souvent par votre capacité à ne pas adhérer aux événements de votre vie avec souffrance, mais en cherchant au contraire à vous en extirper consciemment. La vie, cette substance magique qui coule dans vos veines, veut votre liberté. Et c'est bien pour ça qu'à des moments, vous revivez des expériences plus douloureuses, moins agréables, pour en être assez dégoûté et ne plus vouloir les reproduire. Je vous en fais la promesse puisque je l'expérimente depuis plus d'une dizaine d'années : plus on accepte la responsabilité, plus on vit la liberté. Plus on accepte de se prendre en main et plus on recouvre rapidement sa forme initiale. Celle de notre nature profonde, de ce que nous sommes au fond de nous, en termes de valeurs, d'idéaux, de rêves et d'envies. On touche enfin au plus intime et important de soi.

Vous savez, en déposant ici ces mots pour vous, j'ai bien conscience que cela nous aide à nous sentir moins seuls. C'est pour ça que j'écris d'ailleurs, pour partager avec vous ce qui ne peut se dire qu'à travers des mots confiés aux pages d'un livre, assumés grâce à l'état hypnotique que provoque l'écriture et dans lequel on veut tout donner, en se mettant à nu et en se livrant soi-même en entier. Nos esprits à tous semblent parfois emmêlés et, d'autres fois, totalement clairvoyants. Et très naturellement, nous pouvons avoir du mal à adhérer à un discours qui tend à nous montrer que tout est possible (ou que tout a du sens), quand chaque élément de notre vie semble nous échapper. Mais le plus important dans ces moments est de recentrer son regard, de croire que, finalement, tout n'est pas hors de contrôle puisqu'il existe un ordre divin – celui de la vie.

Ce qui nous échappe, ce sont nos projections, le chemin escompté et prédit pour satisfaire nos désirs. Ce qui nous échappe, ce sont les étapes du trajet que nous devons parcourir et notre besoin de nous rassurer quant au fait que nous allons dans la bonne direction. Vous savez, lorsqu'on y réfléchit, les étapes d'épanouissement des gens sont souvent les mêmes : trouver un travail pour être stable financièrement, rencontrer l'amour et se mettre en couple, fonder une famille, et tout faire pour que les fondations ne s'effondrent pas sous leur propre poids. Bien sûr, il y en a pour lesquels cela fonctionne très bien, mais soyons honnêtes, pour la grande majorité, ce n'est absolument pas le socle d'une vie qui les épanouit vraiment. Souvent, les gens font des crises de vie, ils se mettent d'un coup à trouver des subterfuges pour se connecter au sentiment d'être vivant. Cela peut passer par une liaison extraconjugale, des sorties en tout genre, une nouvelle passion presque obsessionnelle, un besoin de nouveauté, d'aventures et d'explorations. Et la majorité du temps, cela n'est qu'une passade parce que ce ne sont pas ces endroits de « montées d'extase passagères » qui rassasient. Et ces personnes finissent par rentrer se ranger bien tranquillement à l'endroit de leur pseudo-sécurité, affective ou matérielle ; mais ressentant toujours cette insécurité profonde à ne pas vibrer, ni trouver de sens à la vie qu'ils mènent, car simplement, ils ont cherché aux mauvais endroits.

« J'ai oublié de vivre », chantait Johnny Hallyday, comme beaucoup d'entre nous, piégés dans les affres de la survie et du sentiment d'obligation. Et il existe une manière magique de sortir des abysses, c'est de se poser la question de ce qu'on aime vraiment. Aimons-nous ce que l'on vit ? Ce que nous sommes ? Ce que nous nous apprêtons à faire vivre dans les années à venir ? Sommes-nous amoureux de notre quotidien, de nos expériences ou de nos relations ? Sommes-nous dans le sentiment d'être à la place où nous sommes censés être. Pas demain, je veux dire aujourd'hui. Êtes-vous à la place où vous aviez, enfant, prévu d'atterrir et ressentez-vous ce que vous imaginiez être possible, comme bonheur, joie, épanouissement ?

Oui, je sais, ça fait beaucoup de questions d'un coup et je vous laisse le temps de les infuser tranquillement. Parce qu'il est primordial que vous deveniez, en cet instant, assez honnête envers vous-même pour y répondre vraiment. Et j'ai un conseil important. Demandez-vous toujours si vos décisions reposent sur une peur ou une envie. Je vous l'accorde, parfois, c'est un peu des deux et discerner l'endroit où l'aiguille pointe peut demander un temps de maturation. Cependant, il existe des domaines de vie dans lesquels nous savons pertinemment que nous n'avons plus de sentiment de vie, et que nous nous éteignons chaque jour davantage. Soyez attentif à ne pas vous laisser tomber ! Sous aucun prétexte.

On va utiliser le support de ce livre pour commencer à vous faire accéder à votre magie personnelle. Munissez-vous d'un stylo et laissez-vous guider à travers les étapes d'introspection et d'élucidation de vous-même. Écrivez dans le livre si vous le souhaitez, ainsi vous pourrez retrouver les étapes par lesquelles vous êtes passé, une fois que vous vivrez ce que vous souhaitez vivre par-dessus tout !

Première question : dans quel domaine de votre vie aimeriez-vous vivre du changement ?

Deuxième question : qu'est-ce qui bloque actuellement ? Qu'est-ce que vous ne réussissez pas à obtenir ? (Écrivez clairement et fournissez des détails concrets. Soyez le plus précis possible.)

Troisième question : ce blocage a-t-il déjà existé dans votre famille ? Chez vos parents par exemple ou grands-parents ? Si ce n'est pas le cas et que vous ne faites aucun lien avec un potentiel héritage, passez la question.

Quatrième question : ne pas obtenir ce que vous désirez vous assure-t-il une sécurité quelconque ? Ressentez-vous des bénéfices inconscients à ne pas attirer ce que vous souhaitez ? Cela vous protège-t-il de quelque chose ?

Exercice de visualisation (à lire d'abord et à reproduire tranquillement en soi-même)

Vous allez fermer les yeux et imaginer que ce que vous rêvez le plus de vivre, vous le vivez actuellement. Imaginez-vous téléphoner à vos proches pour leur partager votre bonheur. Imaginez-vous dans votre quotidien et dans ce que vous ressentirez. Imaginez-vous vous regarder dans le miroir où vous vous regardez habituellement et à vous voir en joie, un sourire impossible à dévisser de votre visage. Imaginez votre sentiment de fierté et d'accomplissement, d'émerveillement même. Imaginez-vous en train de célébrer cette nouvelle avec vos proches et mettez-y des détails et les codes de ce qui représente pour vous la fête. L'espace de 5 minutes, baignez dans toutes ces images, laissez votre esprit prendre un maximum d'idées et votre imagination vivre sa plus belle vie. Mettez un minuteur sur votre téléphone, ainsi vous resterez immergé dans l'expérience jusqu'à la fin.

Dès que, dans votre quotidien, vous ressentirez la sensation de manque, faites cette visualisation. Ça ne dure que 5 minutes et cela envoie à vos cellules la parfaite information d'attraction, vous faisant doucement basculer vers un état de plénitude plutôt que de manque.

Parce que, soyons clairs, si nous étions persuadés de vivre ce que nous souhaitons dans un futur proche, nous sortirions *illico presto* de la salle d'attente de notre vie, pour nous occuper de la plus belle des manières, en attendant que cela survienne.

Ce qui pose finalement problème, c'est cette posture attentiste dans laquelle nous tombons souvent sans le vouloir. Nous y reviendrons dans un futur chapitre.

Toutes les fois où, dans ma vie, j'ai totalement lâché le contrôle sur mes attentes, des choses miraculeuses sont apparues – des expériences auxquelles je n'aurais même pas pu croire. J'ai tellement appris de mes « manifestations », elles ont donné raison à mes convictions profondes, comme si, à force de foi, on m'avait donné Dieu. J'ai une confiance infinie en la vie, sinon je ne serais pas en train de vous écrire ces lignes. Je sais depuis presque toujours qu'elle veut notre bien le plus absolu, notre confort et notre sérénité. Donc donnons un petit coup de pouce à votre karma, et cheminons ensemble à la découverte de votre magie créatrice. Vieillir nous rend humbles parce que nous avons l'occasion de faire de plus en plus confiance, et réaliser que rien n'est le fruit du hasard et que tout est affaire de liberté. Alors, dès à présent, lâchez vos attentes, mais restez convaincu de votre proche épanouissement.

Lâchez les rênes de ce qui vous encombre, sentez-vous divin, puissant, capable. Remplacez vos objectifs par des certitudes, parce que le vrai pouvoir créateur, c'est de savoir que vous allez, quoi qu'il arrive, réussir à vous faire vivre ce qui compte. C'est exactement à cet endroit-là que j'ai découvert la puissance infinie qui m'habitait. À l'endroit même de ma détermination et d'une confiance sans faille aux étapes initiatiques présentes sur mon chemin. Doucement, étape après étape, j'ai déconstruit ce que j'avais prévu de vivre, pour m'ouvrir à ce qui m'attendait. Je refuse de voir des entraves sur mon chemin et je me refais la promesse, à chaque expérience contrariante qui se présente, d'y lire des balises et d'en traduire des opportunités. De ne jamais me laisser aller à l'anéantissement, même quand cela semble insurmontable. Surtout dans ces moments-là car la douleur ne doit pas rester silencieuse. Pour nous sauver, nous extraire de nos luttes, elle doit devenir bruyante pour que nous l'écoutions enfin. N'oubliez jamais que les pires maladies sont celles qui s'introduisent silencieusement en nous, asymptomatiques d'apparence et mortelles dans certaines circonstances, car difficilement prises en charge à temps. Lorsque vous arrivez à ce point de non-retour, celui où vous n'en pouvez plus, c'est que vous êtes prêt à agir et à refuser de continuer à subir plus longtemps.

2

Opération séduction

« La séduction représente
la maîtrise de l'univers symbolique. »

Jean Baudrillard

Je vous demande d'envisager que le pouvoir n'est pas toujours synonyme d'asservissement, de soumission ou d'autorité malveillante. Nous allons, dans ce chapitre, aborder la notion de *pouvoir*, de la même manière que nous employons ce terme pour évoquer les *pouvoirs magiques* : dans la capacité que nous avons à créer dans un quotidien concret. Il est justement temps de reprendre, au-delà de votre responsabilité, comme évoqué dans le chapitre précédent, votre plein pouvoir. Votre totale souveraineté. Depuis bien trop longtemps, vous mettez votre pouvoir entre les mains des autres, et de l'extérieur. J'ai à cœur de vous accompagner à réintégrer vos leviers d'attraction le plus rapidement possible. Nous évoquerons dans ce chapitre l'importance de faire vivre votre charme, votre charisme et votre magnétisme. Ils sont LES atouts nécessaires et inépuisables pour satisfaire vos désirs. Vous devez prendre conscience de ce pouvoir de séduction que vous possédez en vous. Je vous dévoilerai au fil de ces prochaines pages ma vision de ce qu'est la séduction, ainsi que ses innombrables vertus. Il est temps pour vous d'intégrer ce qu'elle est vraiment, et offre de vivre dans le rapport aux autres, au monde et à nous-mêmes.

Le Larousse définit la séduction comme le fait d'« attirer irrésistiblement, de charmer par un pouvoir plus ou moins indéfinissable ». Et c'est exactement ce pouvoir-là qui m'intéresse ! On connaît tous des êtres qui attirent naturellement leurs opportunités, sur tous les plans de vie. Ils sont irrésistibles. « On leur offrirait le bon Dieu sans confession », comme disait ma grand-mère. Il est possible que vous ayez passé une bonne partie de votre existence à maudire ou à avoir des *a priori* sur ce genre de personnalités. Et il y a une raison à ça. On confond souvent la séduction avec la manipulation, et on condamne la manipulation comme étant systématiquement quelque chose de négatif. Manipuler, c'est obtenir ce que l'on veut de l'autre. Et lorsqu'on y songe, c'est quelque chose que nous cherchons tous à faire dans nos vies, et à tous niveaux : amour, carrière, opportunités en tout genre. Globalement, à chaque fois que nous ressentons du contentement dans la relation à l'autre, cela provient du fait de vivre ce que l'on souhaite à ses côtés. Donc autant vous transmettre les clefs pour l'obtenir. Pas dans le fait d'apprendre à manipuler l'autre, mais plutôt dans la capacité à faire naître chez lui l'envie naturelle et spontanée de vous aider, de répondre à vos désirs ou d'aller dans le sens de ce que vous voulez. Dans chaque rencontre humaine qui a le pouvoir de vous épanouir existe la notion de provoquer quelque chose en l'autre, de le marquer de votre présence, et de lui insuffler la folle évidence de vous donner ce que vous attendez.

Je me souviens avec une précision déconcertante d'un moment aux alentours de mes 24 ans, tant il a marqué, à sa manière, la suite des événements. Ce soir-là je suis posée chez moi, dans mon appartement de la place de la République à Paris. Je suis angoissée par l'idée d'avoir un rapport à la séduction problématique. J'échange quelques mots avec une femme rencontrée peu de temps auparavant et qui exerce comme coach, Eaden, à laquelle je confie mes tergiversations. Elle me répond alors que, souvent, la peur de certaines parts de nous cache finalement la hâte impatiente de les laisser exister. Et qu'en assumant tout ce que je considère comme « anormal », je toucherai à mon plus grand pouvoir. Ses mots sont si puissants qu'ils me font verser des larmes. J'intègre que je possède sûrement là une capacité extraordinaire. Et je me mets à repenser à tout ce que j'ai obtenu grâce à

“

La peur de
certaines parts
de nous cache
finalement la hâte
impatiente de les
laisser exister.

”

cette habileté à toucher, émouvoir et surprendre les autres. La séduction a toujours consisté pour moi à faire en sorte que les gens se sentent bien dans mon énergie, qu'ils soient à l'aise, confiants, en sécurité, choyés. Qu'à travers ma sincérité, mon ouverture, ma gentillesse, je puisse leur créer un écrin dans lequel ils se sentiront importants. Je n'ai jamais fait semblant ni agi par convenance, j'offre ça aux âmes qui font vibrer la mienne.

Séduire, c'est entrer dans une pièce, un lieu, un espace et capter l'attention des autres. C'est ce pouvoir de rendre agréables, touchants, poétiques les mots que l'on échange avec des inconnus ou des proches. C'est créer une petite fissure dans l'espace-temps, provoquer une lueur dans le regard, un frisson sous la peau. C'est donner envie à l'autre d'être en lien en cet instant et de partager quelque chose de lui, un élan, peu importe lequel. À mes yeux, on ne séduit pas nécessairement pour plaire à l'autre, on séduit en partie pour se plaire à soi. Pour aimer la personne que l'on est et qui fait se sentir bien les gens à nos côtés. L'intelligence émotionnelle est un gigantesque pouvoir. Lorsque vous êtes capable d'être assez conscient de vous pour ne plus être votre unique sujet, vous offrez un véritable espace à l'autre. Vous lui offrez d'être pleinement ouvert et présent à ce qu'il est. Finies les sempiternelles conversations à chercher à convaincre ou à avoir raison, vous offrez à votre interlocuteur un dialogue profond, puissant. Celui dans lequel on ne s'écoute plus parler, mais où l'on s'entend respirer, tressaillir, vibrer. Et ça marche lorsque vous échangez dans l'intimité, face à un public, un enfant, un vieillard, un agent immobilier ou un conseiller bancaire. Peu importe dans quel contexte et face à qui vous vous trouvez, vous pouvez créer cette magie de l'espace relationnel séduisant. Celui qui crée de l'entraide, de l'attraction positive et qui nourrit profondément n'importe quel individu présent à ce cercle vertueux.

J'ai obtenu ce que je désirais des personnes que j'ai croisées dans ma vie en leur offrant de vivre cet espace-là à mes côtés. Je ne l'ai jamais prémédité ni réellement conscientisé, mais ce dont je peux par contre faire le constat, c'est de la facilité avec laquelle j'ai pu attirer et drainer dans ma vie des opportunités, certaines fois des miracles. On n'asservit pas l'autre en le faisant contribuer à notre bonheur, on le fait plutôt grandir et s'élever ! Alors, soyez sincère dans vos démarches avec les autres, devenez humain dans vos échanges, même lorsque le contexte ne semble pas s'y prêter, il s'y prête toujours. N'oubliez jamais que lorsqu'on fait ressentir aux autres qu'ils sont importants pour nous, en cet instant ou sur le plus long terme, nous ne faisons pas aveu de faiblesse, au contraire. Laissez-vous seconder, accompagner, porter, tirer vers le haut. Soyez prêt à recevoir la générosité, la gentillesse, la reconnaissance et l'égard des autres envers vous. Paradoxalement, on peut parfois se sentir infiniment seul dans cette vie, en prise à des moments où nos douleurs s'expriment. Et c'est exactement à cet endroit-là qu'il est très important de se laisser soutenir. Nous voulons attirer, mais n'acceptons pas de recevoir. Parce qu'à travers nos agissements, nous tentons encore de prouver des choses, de justifier notre place, notre utilité, notre raison d'être. Et accepter de l'aide serait pour beaucoup un aveu de faiblesse, une entrave à leur reconnaissance ou un endettement certain vis-à-vis de l'autre. On se raconte que tout a un coût et refusons l'aide et l'amour des autres pour ne rien leur devoir.

« *En étant en vie et incarné sur Terre, nous avons déjà le passe-droit vers l'épanouissement !* »

En étant en vie et incarné sur Terre, nous avons déjà le passe-droit vers l'épanouissement ! Je vous écris ça sur un ton léger, mais c'est finalement toute la clef (et le cadenas) du pouvoir d'attraction. Soyez donc bien attentif à ce que je vais vous transmettre maintenant. Cela peut sembler simpliste, mais c'est très puissant. Vous êtes venu au monde, vous habitez cette planète et faites partie de cette humanité – jusque-là, vous me direz, je n'ai pas inventé la poudre ! Prenez juste un instant pour saisir que, si la vie circule en vous, cette force magique, ce pouvoir infini, vous n'avez pas à la justifier. S'inscrire en tant qu'individu dans ce monde, c'est se confronter à une société, ses normes, ses héritages, ses préceptes. Nous naissons vierges et très vite nous sommes entachés par des visions d'évolution, des chemins tout tracés, des moules de conduite à adopter. Tout le travail pour revenir à notre force d'attraction consiste à reprendre les fondamentaux de ce qui donne vie à notre chair, qui lui déclenche le désir, les frissons. Oui, nous parlons bien de sensation corporelle, et j'y tiens.

La spiritualité est trop souvent comprise par les gens comme un espace de croyances auxquelles adhérer, avec ses recettes toutes faites (prêtes à passer au micro-ondes !) et des lieux communs qui finissent par rendre la réflexion édulcorée, fade et bien-pensante. Et surtout, on souhaite souscrire avec l'esprit à des schémas de pensées et d'actions, souvent afin de nous sécuriser à créer le « bon cadre », celui qui « convient » et correspond à la norme des gens qui se disent spirituels et croyants. Nous oublions que toute sagesse est avant tout à laisser vivre en nous et à métaboliser à travers nos expériences et à ressentir dans notre chair. Les commandements spirituels sont physiques. Chez moi, ils sont même charnels. On ne parle pas ici de sexualité, nous parlons de vie. Et l'existence est érotique par essence, elle naît de la fusion et de l'étreinte. D'une rencontre avec l'extase vécue dans la chair, et jamais à travers l'illumination de l'esprit. Les êtres courent après la connaissance mais pas assez après la vie. Ils veulent gouverner leur monde à partir de leur tête, en oubliant que c'est le frisson sous leur peau et le cœur apaisé qui les rendront heureux. La vie naît du désir qu'on a pour elle, et pour nos expériences, nos élans et nos décisions.

L'intellect nous coupe souvent de ce flux naturel de vie qui circule en nous ; du coup, on vit moins. Moins fort, moins amoureusement, moins à notre manière. On prend l'excuse du regard des autres, des insécurités, de la « réalité » pour justifier de s'éteindre. À trop réfléchir, on finit même par se dissocier de nos ressentis. On se branche à des moteurs divers et variés, et on vit une existence à être occupé, sollicité, utile socialement. Parce qu'au fond, qu'est-ce que signifie le fait d'avoir une vie bien remplie ? Est-ce qu'on entend par là une vie « encombrée », car c'est l'interprétation qu'en font la plupart des gens ? En vous écrivant, je pense au dogme de l'Église catholique à propos de l'Immaculée Conception. Et ça m'apparaît maintenant comme une évidence. La religion nous a éloignés de notre pouvoir créateur. Pas Dieu en tant que tel, mais l'interprétation qu'en ont fait les hommes. Rendez-vous compte que l'on glorifie l'idée que le fils de Dieu, Jésus donc, a été conçu sans commettre le péché originel. Le sexe donc ! Non mais sérieusement, ça ne choque que moi ? Si on creuse un peu l'idée même de ce concept, cela sous-entend que toute forme d'incarnation divine doit naître autrement que par le désir charnel, si elle veut être légitime et souveraine. Alors que, devinez quoi ? C'est pour moi absolument tout l'inverse.

La vie se crée à l'image du miracle, c'est-à-dire là où il y a de l'espace pour l'accueillir. Dans nos ventres féconds de femmes, sous nos peaux attentives, dans la rencontre avec un désir fulgurant, pour un être, un projet, une création en tout genre. On peut imaginer que faire de la place nous crée du vide et de l'ennui alors qu'on obtient finalement l'essentiel, à savoir du temps, de la contemplation et de l'espace. Des ingrédients essentiels à nos terrains de création. En tout cas, la vie vient se loger là où on l'accueillera, peu importe si le terrain est beau ou bien sous tout rapport. On s'offusque souvent des gens qui ne sont pas de « bonnes personnes », voire des personnes monstrueuses, et qui obtiennent facilement ce qu'elles désirent. On pourrait imaginer que les plus grands dictateurs avaient conscience et confiance en leur pouvoir créateur, même lorsque cela était au service du mal, de la souffrance et de la mort. La conviction en nos idéologies nous rend surpuissants et capables d'attirer tous les moyens pour atteindre nos objectifs.

Il n'existe pas de corrélation entre le mérite et l'attraction. Certaines personnes sont habitées par une bonté sans faille, une gentillesse infinie, un cœur en or, et elles peinent à attirer des bonnes choses dans leur vie, voire pire encore, elles n'attirent que les mauvaises. On pourrait imaginer que si l'on cherche à faire le bien autour de soi, c'est parfois aussi une manière d'obtenir son « droit d'exister » mais en oubliant d'œuvrer au sien. Il est important que le bien que vous faites à autrui serve toujours le vôtre, et vice versa. Sinon, il ne sera jamais complètement altruiste, gratuit, réel. Partons d'un principe simple. Votre présence sur Terre sert un intérêt plus grand et contribue à cette humanité. Plus vous êtes heureux et plus vous êtes au service des autres, du monde. Ce que vous souhaitez, c'est accéder à des sources de bonheur simple : l'amour, l'argent, la sécurité, l'aventure. Vous désirez une vie confortable et intrépide, excitante et sécurisante, à tous niveaux abondante. Voilà pourquoi, sûrement depuis des années, vous vous intéressez à tous ces sujets de développement personnel. Et que vous y croyez, ne serait-ce qu'un peu, même si vos convictions ont parfois été ébranlées à la suite de certaines déceptions. Vous pourchassez l'idée magique d'apprendre à se créer ce qui compte. Cependant, je tiens à vous prévenir que cela ne se fait pas dans l'inertie ou la passivité. Cela se fait dans le mouvement, intérieur et extérieur.

Vous devez apprendre à jouir. Vous m'avez bien entendue, oui, c'est tout à fait l'idée ! Vous devez petit à petit apprendre à vous abandonner à la vie. En premier lieu parce que vous lui accorderez, à travers cette posture, une confiance infinie, et aussi parce que vous découvrirez à quel point les attractions sont fécondes dans la décontraction, dans l'insolente certitude que cela se fera au bon moment. Et donc dans la décision de cesser de les attendre. Imaginez patienter pour la visite d'un ami. Il ne vous a donné ni la date ni l'heure auxquelles il vous rendra visite. Vous n'allez sûrement pas attendre, assis en tailleur, sur le seuil de votre entrée, qu'il finisse par sonner à la porte. Vous menez votre vie en attendant, et sans vous en préoccuper. Parce que vous n'y mettez pas un enjeu de survie.

Face à l'attente amoureuse, souvent, nous plaçons des enjeux inconscients de survie. Nous, les femmes, avons été habituées depuis des générations à porter en nous, sans même que nous en ayons conscience, la peur de devenir *vieille fille*. Cette expression est à la fois désuète et dérangeante. En tous les cas, elle renferme une angoisse que rencontrent énormément de femmes en Occident. Ne pas réussir à trouver un partenaire et, dans la grande majorité des cas, ne pas réussir à fonder une famille en donnant elles-mêmes la vie. Cette attente se transforme rapidement en épée de Damoclès au-dessus de la tête. Je vous rappelle que le sentiment de vie ne côtoie pas celui de survie en nous. C'est soit un état, soit l'autre. Si vous êtes donc positionné ainsi, dans l'attente apeurée de ne pas rencontrer cette personne, dans la majorité des cas, vous n'accédez pas aisément à votre requête.

J'ai lu dans des ouvrages sur la loi de l'attraction, que la peur était une émotion qui bloquait la « manifestation ». En général, lorsqu'elle nous submerge, c'est en effet un peu compliqué de s'attirer le meilleur. C'est comme si on se sentait d'un coup fixé au sol, lourd, anxieux et immobile, incapable de faire le moindre pas. Dans cet état de survie, mille et un symptômes se déclarent. Le besoin de comparaison s'exacerbe, le sentiment d'injustice augmente. On a mal dans le présent et nous sentons angoissés pour l'avenir. D'ailleurs, le sentiment de paix avec le passé est souvent difficile. Bref, un *mood* bien relou et surtout extrêmement stérile. Parce que, dans ces instants, si on cherche à décortiquer ce qui se joue en nous, c'est que nous avons confié notre pouvoir à l'extérieur. À propos de notre bonheur, notre réussite, la santé de notre cœur ou de notre corps. Nous avons perdu la foi en nous-mêmes et notre divin. Vous savez, j'ai été mille fois traversée par ces sentiments. Il n'y a aucune pression à être humain, c'est beau ! Cependant, la peur n'est pas un état que l'on choisit, ni comme base ni comme moteur. Apprenez à sortir de vos angoisses profondes le plus rapidement possible, à vous guérir de ce qui vous réactive sans cesse, et à ne plus surréagir. Cela vous épuise et votre corde devient avec le temps de plus en plus sensible.

Le mérite n'a rien à voir avec l'attraction. Vous pourrez bosser de manière acharnée, tenter d'être parfait dans tous les domaines, de toujours bien agir avec les autres et faire de votre mieux, ce n'est pas à cet endroit que vous obtenez ce que vous désirez. Ce n'est pas une monnaie d'échange. On attire ce qu'on veut vivre parce que nous en sommes détachés et parce que nous sommes habités, dans l'instant, par d'autres sujets. Un projet, une passion, des moments de joie avec les autres, peu importe la source qui nourrit votre cœur à chaque instant et se réinvente, le plus précieux, c'est de tout faire pour rester connecté à elle, à votre source de vie et aux mille et une manières par lesquelles l'existence vous semble délicieuse. Avez-vous déjà réalisé que lorsqu'on atteint l'orgasme, il est presque impossible de penser à autre chose ? Lorsqu'on saute en parachute, c'est pareil, lorsqu'on se baigne dans l'eau gelée également. Si je vous parle de ces expériences, c'est parce qu'elles ont été les miennes récemment et elles furent extrêmement initiatiques. Sauter du ciel, c'est ma nouvelle passion. Honnêtement, nous sommes en plein mois d'août. Il y a une semaine, je sautais pour la deuxième fois de 4 000 mètres d'altitude et je n'ai qu'une obsession depuis : recommencer.

J'ai toujours naturellement cherché à côtoyer dans ma vie les espaces du lâcher-prise, ceux où je me laisse complètement aller, à ma confiance en l'autre ou en moi-même, à l'intelligence de la vie, à l'intensité d'être présente, totalement. Pas dans ma tête mais présente à mon corps, mes sensations, mes cellules, les éléments autour. Je cherche sans cesse les espaces qui me font flotter, planer, m'abandonner. J'aime l'extase dans son pouvoir libérateur, j'aime ces instants où plus rien d'autre ne compte. Quand on est connecté, à l'euphorie, la joie et ce sentiment si puissant qu'est la grâce. Quand tout s'éclaire et semble d'un coup fluide et simple. J'aime faire confiance aux gens qui m'entourent et encore plus aux inconnus. Il y a peu de choses que je trouve plus émouvante que d'accorder une absolue confiance à une personne que je ne connais pas et de m'en remettre à elle pleinement. C'est exceptionnel à ressentir et cela ouvre le cœur à une dimension qu'on n'imaginait pas. J'ai expérimenté que dans cet état d'abandon et de confiance, l'attraction devient totale ! Et plus rien ne nous résiste.

Afin de mettre en pratique les transmissions de ce chapitre, je vous invite à expérimenter ces deux exercices.

Sortir sans rempart

Souvent, lorsque nous sommes seuls à l'extérieur, face aux inconnus, nous usons de stratégies pour rester dans notre bulle. Nous écoutons de la musique, restons collés à notre écran de téléphone, à un livre ou une série. Je vous inviterais à lâcher ces moyens de ne pas être disponible pour vous ouvrir aux interactions naturelles de la vie. Par exemple, sortez boire un café et interagissez spontanément avec les gens qui vous entourent, soyez ouvert et souriez au serveur qui vous apporte votre boisson, à votre voisine de table, etc. Il est important de s'entraîner à la résonance qui se met à exister avec certains inconnus, lorsque nous nous rendons disponibles à eux. Cet entraînement vous sera très précieux car il vous permettra de développer une capacité naturelle à entrer en interaction avec les autres, à créer un flux d'énergie positive, à attirer la sympathie et la bienveillance, et à comprendre que c'est sûrement un peu ça, le début de l'attraction.

S'en remettre à l'autre

Nous avons souvent du mal à faire confiance à l'inconnu. Qu'on évoque des perspectives nouvelles ou la rencontre avec une personne pour la première fois, il n'est pas toujours évident d'accorder à ce qu'on ne maîtrise pas une foi absolue. C'est ce que je vous inviterais à développer afin d'avoir, jour après jour, un peu plus confiance en la perfection de ce que vous attirez. Le fait de vous sentir « accompagné, guidé et soutenu » ne doit pas juste être une théorie, cela doit se transformer en entraînement. Pour ce faire, demandez votre chemin à un inconnu, une recommandation à un serveur au restaurant, son avis à une dame dans une boutique. Faites l'expérience d'un sport en binôme où l'autre gère pour vous, montez dans un avion, à l'arrière d'un taxi, sautez en parachute, volez en parapente, ou pratiquez toute autre activité qui vous amène à confier ce que vous êtes, votre survie ou votre sécurité, à une personne extérieure à vous. Vous verrez, c'est une source sublime d'émerveillement.

3

Osez être charismatique

« Les humains n'attirent pas ce qu'ils veulent, mais ce qu'ils sont. »

James Allen

Il est temps de vous faire enfiler l'habit de charisme dans lequel vous vivez déjà. De prendre conscience que votre peau est une tenue sublime, attirante, solaire. Vous réservez sûrement le pouvoir d'être magnétique aux autres, à ceux qui « savent faire ». Mais je vais vous partager un truc qui risque bien de tout changer. Les êtres charismatiques, capables de provoquer chez l'autre des émotions, ignorent qu'ils possèdent cette capacité lorsqu'ils en usent. Je m'explique. On se met à dégager une présence magnétique lorsqu'on ne cherche pas à l'utiliser. Ce qui se met à vivre naturellement en nous et autour de nous naît justement de cette capacité à laisser circuler la vie, et à nous laisser pénétrer par elle. N'avez-vous jamais remarqué que les gens qui vous parlent de choses qui leur provoquent des émotions deviennent d'un coup brillants ? Tout simplement parce qu'ils prennent vie, comme une allumette que l'on frotterait sur une surface abrasive. Et lorsque l'étincelle survient, le feu se met à exister. Vous êtes un combustible, reste à déterminer et explorer au contact de quelles surfaces vous vous enflammez.

Car il est illusoire de penser que nous prenons vie partout, tout le temps et au contact de n'importe qui. Il y a même des frottements qui nous éteignent. Et je vous conseillerai de commencer à devenir plus vigilant sur les énergies que vous fréquentez, à la fois en vous et autour de vous. Nous évoquions dans les chapitres précédents l'importance de faire un tri, de renoncer à certaines personnes, habitudes ou fonctionnements. De réinventer qui nous sommes simplement en faisant de la place à qui l'on est et à ce que l'on veut vraiment. Si votre environnement agit dans une forme d'étouffement, il est assez logique que vous ayez du mal à ressentir cette flamme intérieure. Elle est pourtant l'ingrédient primordial à la recette du bonheur pour chacun, car elle déclenche la reprise de votre pouvoir créateur. Habités par les sujets qui nous passionnent, enthousiasmés par les personnes qui nous entourent et rencontrant les expériences qui nourrissent notre cœur et notre âme, nous pouvons absolument tout vivre. Car quelque part, nous le faisons déjà exister à ce moment-là.

Quand on habite vraiment en nous, on arrête de vivre chez les autres : dans leur tête, à faire mille suppositions sur ce qu'ils pensent, à chercher à se sentir validé, à projeter nos peurs d'être rejeté ou abandonné. On se met simplement à exister sans contrainte, sans peur de nous-mêmes, et nous laissons à ce moment-là circuler la vie qui patientait en nous. C'est ça, notre puissance : devenir capables de nous assumer, de nous offrir aux autres tout en nous appartenant à nous-mêmes. Devenir soudain détenteurs de cette subtile capacité à ne plus ériger de murs entre notre individualité et autrui, mais, à la place, y dessiner des ponts. L'autre est notre prolongement, et ce depuis la naissance, où nous en avons fait l'absolue expérience. Nous n'avions pas le choix de notre mère, de désigner celle avec laquelle nous souhaitions goûter à notre première fusion, mais l'avantage de devenir adulte, c'est que nous décidons qui va nous prolonger, nous choisissons les espaces avec lesquels communier. Peut-être vous sentez-vous en manque d'inspiration ? D'horizons ? De palpitations ?

« La chance appartient aux audacieux » paraît-il, et savez-vous pourquoi ? Parce que, dans l'audace, il y a une forme d'insolence qui nous pousse à tenter le coup, sans aucune certitude du résultat, mais on est porté par l'adrénaline de l'instant et de l'expérience. Tout au long de ma vie, on a souligné mon audace, ma capacité à tenter le coup. En allant choper le numéro d'un homme qui me plaît, en lançant des projets ambitieux très régulièrement, en voulant vivre seule à la campagne dans une grande maison et continuer à profiter de ma vie parisienne, en arrêtant le salariat au bout de neuf ans pour lancer ma boîte, en ne lâchant rien pour mes projets, mes envies. En étant inarrêtable, passionnée, enthousiaste et courageuse. C'est vrai, ma mère a été la première à percevoir en moi une certaine intrépidité, et ce depuis l'enfance. J'étais non conformiste, c'était extrêmement compliqué – voire impossible – de me faire rentrer dans des cases. Je n'obéissais qu'à ce que je jugeais pertinent. Pas d'acceptation soumise aux autorités mal placées. J'ai toujours voulu « tout, tout de suite », comme dirait ma maman. L'impatience a été un immense moteur pour attirer rapidement ce qui me rendrait libre et heureuse ; mais également pour agir rapidement lorsque des éléments néfastes tentaient de s'accrocher à ma vie. Je suis du genre à couper les ponts, parfois du jour au lendemain, avec certaines personnes. J'ai besoin d'une page blanche pour prendre mes nouveaux départs. Je ne supporte pas cette impression de laisser un pied dans le passé en continuant à entretenir, à distance ou en présence, des liens qui ne me font pas du bien. Je bannis des réseaux, supprime les numéros, parfois je bloque, ou j'arrête tout simplement de suivre. Je n'ai aucune intention de faire du mal à la femme en moi, bien au contraire, j'ai envie qu'elle se sente entendue lorsqu'elle a besoin de couper les ponts et de l'accompagner ainsi à passer à autre chose.

Devenir audacieux consiste à ne plus avoir peur, ni des pelles ni des râteaux. Oui, je parle bien de rouler des galoches ou de se prendre un vent. Je vais partir de cette métaphore pour vous transmettre un élément fondamental : cesser d'entretenir la peur de l'échec. Ce livre tend à ne pas être composé du blabla habituel qu'on peut entendre partout en matière de spiritualité. La peur de l'échec est un sujet énormément traité par les coachs et dans à peu près tous les domaines (la vie, l'amour, le sport, les compétitions en tout genre). Ce qui compte de saisir à mes yeux, c'est qu'échouer est une opinion que nous avons sur nous-mêmes. Vous pouvez décider de traduire une « expérience nécessaire » plutôt qu'un échec. Il vous faut apprendre à devenir votre plus grand guide, poussez-vous à tenter le coup, à faire preuve d'audace et apprenez à avoir le trac. C'est délicieux de sentir ce frisson qui nous parcourt, à l'aube d'une expérience nouvelle. Les mains moites, le cœur qui bat, sentir son ventre vivant. Je vous jure, ça en devient addictif. Surtout si nous avons été élevés à avoir peur de tout, il va falloir redoubler d'effort pour dépasser, dans le fond, cette peur d'avoir peur.

Entre vous et moi, racontez-vous la chose suivante : si un projet, un être humain, un voyage, peu importe quoi, vous attire, alors foncez ! Ne vous laissez pas le choix. Rappelez-vous que la vie est courte et d'une durée indéfinissable. Nous sommes pressés par le temps, autant apprendre à le prendre, plutôt que de continuer à le subir. Vous êtes attiré par des choses que vous devez vivre, et même si elles ne sont pas celles qui vous conviendront sur le long terme, elles sont une expérience initiatique, une marche à gravir sur l'escalier de votre existence. J'ai souvent considéré mes désirs comme les éléments d'un jeu de piste, que ce soit une rencontre amoureuse, professionnelle, un projet, une envie folle. Toutes les fois où j'ai écouté ce qui m'appelait, j'ai vécu des expériences déterminantes, qui ont chaque fois été des étapes à suivre pour aller vers les suivantes. J'explique souvent à mes clients qu'une idée en amène une autre. Professionnellement, par exemple, c'est comme si je déroulais un fil rouge de projets et au fur et à mesure des années, je ne peux que reconnaître la logique incontestable dans laquelle ils s'inscrivent, alors même que je ne l'ai jamais prémédité. Il existe un fil d'Ariane, certes invisible, mais pas à tous les yeux ni à toutes les consciences. Ayez foi que ce qui vous donne envie, vous fait battre le cœur, vous file des papillons dans le ventre est une invitation à se connecter à cette source de vie à laquelle il sera sûrement nécessaire de s'abreuver. N'ayez pas peur de prendre des râteaux par la vie. Le but de la vie n'est jamais votre souffrance mais votre évolution. Relisez cette dernière phrase et répétez-la en boucle aussi souvent que nécessaire. La vie veut votre bien, le divin en vous vous y guide.

> *« Le but de la vie n'est jamais votre souffrance mais votre évolution. »*

Certaines fois, l'existence nous surprend en nous faisant bifurquer de nos trajectoires, mais c'est toujours parce que cela est juste. Cessez donc de résister en voulant faire à tout prix exister vos plans mentaux. Lâchez les cordes qui vous blessent les mains, ne vous agrippez plus aux espaces dans lesquels vous finissez par vous sentir malheureux. Et soyez toujours honnête avec vous-même, la question est simple à vous poser : en cet instant, en ce lieu, auprès de cette personne ou dans cette expérience, êtes-vous heureux ?

Vous sentez-vous connecté à des émotions positives ? C'est oui ou non. Cessez les « peut-être bientôt » ou « ce ne saurait tarder une fois que… ». La vie dans toute sa splendeur, c'est maintenant ; et votre futur s'écrit d'ores et déjà dans ce présent.

S'émerveiller

Je vais vous proposer une expérience de mise en pratique de l'émerveillement.

Faites un vœu. Quelque chose de précis. Le plus important lorsqu'on veut attirer quelque chose dans sa vie, c'est de procéder par étapes. Il me semble que demander à « épouser votre grand amour » ou « devenir millionnaire » soit trop irréaliste et donc confus pour l'esprit. Consciemment, vous doutez d'une attraction immédiate de ces deux exemples, ou du moins vous imaginez peut-être des étapes qui vous mènent à leur réalisation. Commencez par des choses simples et qui vous semblent miraculeuses, mais accessibles.

Par exemple, vous pourriez avoir besoin d'une certaine somme d'argent pour payer une facture, vous acheter quelque chose, ou vous offrir une après-midi dans un lieu qui vous fait plaisir.

Déterminez la somme qu'il vous faudrait et demander à la vie, avec fermeté et amour, de vous conduire à son obtention. Cette semaine, j'avais besoin de la somme de 303 euros pour m'offrir une expérience qui me tient à cœur. J'ai donc formulé avec la plus puissante énergie possible : « Merci à la vie de me guider à l'obtention de ces 303 euros pour… Ainsi, et en m'offrant ce moment qui compte pour moi, je me sentirais encore plus heureuse et inspirée pour la suite de mon été. »

N'oubliez jamais de mettre en conscience les bénéfices individuels mais également collectifs qui feront suite à l'intention de votre vœu. Lorsque vous attirez ce qui compte pour vous, vous vous rendez forcément meilleur. Quand on va bien, qu'on fait ce qu'on aime et qu'on prend du temps de qualité pour soi, on devient ensuite plus présent et accessible aux autres. On a encore plus à cœur de redistribuer, en faisant preuve de générosité. Ce qui vous rend heureux sert les autres. Gardez-le en tête lorsque vous formulez des souhaits et explicitez-le noir sur blanc. Ce sentiment d'être au service des autres en s'accordant à soi-même de vivre ses rêves est fondamental.

4

L'art de s'en battre les ovaires

(ou les c******* bien sûr !)

« Quand vraiment on a une confiance, on devient confiant. »

Jean-Claude Van Damme

J'ai tellement pleuré pour les hommes. Enfin attendez, je reformule, parce que ce n'est pas tout à fait exact. Ce que je voulais dire, c'est que je me suis tellement laissée pleurer auprès de certains hommes et trop longtemps sans réagir. Je me suis souvent sentie démunie dans la sphère affective, alors que sur tout le reste, je me sens une lionne. Dans la sphère professionnelle, par exemple, j'ai toujours été extrêmement respectueuse de moi-même et connectée à l'atteinte de fortes ambitions. C'est ce qui fait que mon entreprise tourne bien depuis quelques années, s'inscrit dans une belle dynamique de développement et me rend, avant tout, heureuse. Par contre, les relations amoureuses, soyons honnêtes, ça a souvent été une tout autre histoire !

Quand je repense aux fois où je sentais bien que quelque chose clochait et où j'ai perdu du temps à insister, à trouver des circonstances atténuantes au lien affectif, et à finir par m'oublier. Ce qui est le plus perturbant d'ailleurs, c'est que cela agit en nous, sans même que nous en ayons conscience. C'est la force des héritages familiaux et des schémas inconscients qui est à l'œuvre, sans nous demander notre accord. Il faut éclairer par l'observation des circonstances extérieures ce qui est intérieurement écrit en soi. Et souvent, les « mauvaises rencontres » sentimentales sont en fait d'excellents moyens de décrypter ce que nous attirons, sans même le vouloir (c'est donc un processus inconscient encore une fois). Quand nous attirons « le pire », c'est pour apprendre à demander le meilleur. À soi-même et à la vie !

Après ma dernière séparation, j'ai vécu un tas de rencontres, toutes plus hollywoodiennes les unes que les autres, mais pas spécialement nourrissantes. Alors oui, elles m'ont mis des paillettes dans les yeux, mais Kevin n'a jamais été à la hauteur de mes espérances. Il est vrai que je mets une importance particulière à inscrire ma vie dans de la romance. Cependant, j'ai réalisé que, souvent, j'apportais de la beauté pour couvrir ce qui en est parfois dépourvu. Ma capacité à créer du beau a souvent faussé mon regard, puisque j'ai cru en voir à l'endroit où j'étais simplement en train de mettre toutes mes forces pour me le faire ressentir.

Les livres font partie des plus grandes rencontres de ma vie et je suis une amoureuse passionnée des mots, des belles phrases, des textes bien écrits et bouleversants. C'est donc comme ça que j'ai appris à vivre, de façon poétique, grâce aux livres, à mon amour des mots. Et je pense d'ailleurs qu'à de nombreuses périodes de ma vie où je traversais des douleurs, cela m'a aidé à survivre. Lorsque je vis une rencontre amoureuse, c'est plus fort que moi, j'écris l'histoire avec grâce et délicatesse. Je l'inscris dans l'écrin dans lequel je souhaite le vivre, et sachez-le, parfois, cela favorise une forme de déni puisque cela vient occulter la réalité de ce que l'on vit. Et puis, même si les belles paroles me touchent, elles ne peuvent pas remplacer les actes, ou le sentiment de sécurité que je suis censée ressentir.

Ce qu'il me faut comme ingrédient à chacune de mes recettes de vie, c'est la magie. C'est ainsi que je me suis retrouvée trois jours en Égypte, avec un plus ou moins inconnu, un ami d'amis, croisé brièvement quelques semaines plus tôt à un mariage, pendant lequel nous avions échangé en tout et pour tout trois mots. L'expérience fut magique, la connexion réelle et authentique. Nous avons chacun pris un vol, lui est arrivé du Maroc, moi de France, et nous

nous sommes rencontrés à 5 heures du matin dans notre Airbnb en plein cœur du Caire. Ce sont des instants que je n'oublierai jamais, ils ont été d'une intensité sublime et je conserve en moi les souvenirs de ces trois jours comme des trésors à ajouter à mon coffre-fort.

Cependant, le retour en France fut catastrophique. J'imaginais continuer à vivre à ses côtés la suite logique de ce que nous avions commencé à tisser, et ce fut tout l'inverse. Tout est devenu compliqué, le fait de se voir notamment. J'ai réalisé, sans jugement contre lui, qu'il n'était pas prêt à vivre la même chose que moi. Et moi, je ne me suis pas sentie choisie, tout comme, au moment de ma naissance, je ne me suis pas sentie choisie par mon père. Le schéma s'est inlassablement rejoué jusqu'à il y a peu, où j'ai vraiment fini de soigner cette longue maladie que sont le manque de reconnaissance et la peur structurelle de ne pas être choisie par un homme, capable de m'aimer pleine et entière. Et à cet instant où j'ai rompu le charme, j'ai accédé à mon vrai magnétisme, celui qui fera aimant avec une personne qui me convient vraiment.

Certaines rencontres sont belles d'apparence, mais ne vous font vivre qu'en vitrine, ce que vous voulez vraiment. Personnellement, je n'ai aucune envie de vivre jusqu'à la fin de mes jours à la surface de mes désirs profonds. Et j'ai réalisé qu'au final, il me fallait lâcher. Lâcher l'attente de cette rencontre que je voulais imminente. Lâcher la peur que cela ne se fasse pas. Lâcher le désespoir que cela me provoquait de ne pas la voir apparaître dans mon quotidien. À un moment donné, j'en ai eu tellement marre de toutes ces déceptions que j'ai naturellement lâché. Cela fait des années que j'adore vivre avec moi-même et que la solitude ne me fait aucunement souffrir, et pourtant je n'arrivais pas à laisser partir ce besoin de contrôle sur cette rencontre amoureuse tant attendue. J'imagine que nous pourrions extrapoler mon exemple à toutes les situations de vie que vous souhaitez absolument vivre et pour lesquelles vous luttez pour les voir exister. Lorsqu'on lâche, ça veut dire qu'on fait confiance. Ça signifie que notre contrôle mental n'est plus occupé ou obnubilé par notre objectif. Par exemple, si vous passez du temps à vous dire que vous allez croiser l'homme ou la femme de votre vie à tel endroit, que c'est peut-être pour ce soir, pour aujourd'hui, pour demain, vous n'êtes pas dans la confiance. Vous êtes dans un contrôle méticuleux des événements, et sûrement, une attente qui, certaines fois, vous pèse.

Êtes-vous déjà rentré chez vous, certains soirs, déçu ? Déçu de la vie que vous menez et accablé face à votre incapacité à vivre autre chose dans l'instant ? Je vous rassure, ça nous arrive à tous, mais le plus important reste de savoir quoi en faire. Par amour pour soi-même, on ne se laisse pas dans le désarroi, on agit en sa faveur. Vous ressentez sûrement dans ces instants la peur paralysante de ne pas attirer et vivre ce qui compte. C'est sur cet état précis qu'il nous faut travailler. Vous imaginez peut-être un monde duel, dans lequel certains gagnent et d'autres perdent. Cela n'a rien d'une croyance satisfaisante, chacun est gagnant à l'instant où il le décide. Alors, commencez à devenir un peu plus fier de ce que vous êtes, un peu plus conscient de vos limites, de vos humeurs, de l'intelligence de votre corps et de tout signe chez vous qui pourrait vous alerter sur le fait de ne pas être assis sur le bon siège, à la bonne place. Et si c'est le cas, bougez le plus vite possible.

Reprenez place sur votre trône, à l'endroit de votre souveraineté, c'est-à-dire les espaces dans lesquels vous ne serez plus uniquement occupé à vous rendre heureux. Nous parlions précédemment de ces moments qui nous font tout oublier autour. Lorsque l'on s'adonne à un art, à une discipline, à une rencontre précieuse, il y a chaque fois la notion d'abandon qui revient. On s'abandonne tout entier. On cesse d'être ailleurs car rien n'est plus exaltant que d'être présent. On est traversé par l'inspiration, la fougue, le désir. On veut se lover dans chaque seconde. Et lorsqu'on est précisément à cet endroit du lâcher-prise (et donc de la connexion divine haut débit), nous obtenons nos miracles, les choses que nous souhaitions attirer et vivre. Comme si, lorsqu'on détourne le regard de nos attentes, on accorde à ce moment une assez grande confiance en la vie et en nous-mêmes pour « laisser faire le taf » et savoir qu'il arrivera en temps et en heure. Une fois que nous avons fait notre part, laissons à la vie l'imagination débordante et fertile de compléter.

Lorsque je suis paralysée par la peur que les choses qui comptent pour moi n'arrivent pas, voilà comment j'agis. J'arrête ce que je suis en train de faire, je me pose quelques minutes, je respire consciemment l'espace de quelques instants, libérant souvent mon plexus obstrué par la crainte. Lorsqu'on se laisse envahir par nos peurs, vous remarquerez que tout se crispe en nous, comme si le tissu entourant nos organes se resserre et qu'on se sent d'un coup à l'étroit. *A contrario*, le sentiment de confiance donne une grande amplitude, il déploie à la fois l'intérieur et étire ce que l'on est vers l'extérieur, donnant vie à ce charisme (dont nous parlions plus haut) qui en impose. Mais lorsque c'est tout l'inverse, et que je me sens crispée, c'est là le véritable moment pour me détendre. Parfois, je ressens le besoin du mouvement, d'autres fois de l'immobilité. Je prends ensuite conscience de ce qui tournoie dans mon esprit. Quelles sont ces pensées qui me plombent ? Et à ce moment-là, peu importe sur quel domaine porte le constat « d'échec », je me fais la promesse que cela va arriver ou que, si cela n'arrive jamais, tout ira bien et je serai heureuse quoi qu'il advienne.

Lorsqu'on est persuadé qu'une chose arrivera dans notre vie au juste timing, on arrête de s'affoler, de partir dans tous les sens sans trouver sa direction ou allant jusqu'à se perdre. On s'occupe juste de faire ce qui compte en attendant, à savoir s'occuper de soi-même, de ses projets et de ses différentes entreprises de vie. On revient doucement et petit à petit en soi. On délie les épaules, détend les cervicales, respire longuement et profondément. Vous verrez que, petit à petit, vous retrouverez votre calme intérieur. Je suis certaine que la vie ne nous insuffle pas des désirs par hasard. Si vous souhaitez avoir un enfant, rencontrer un partenaire de vie, avoir de l'argent ou un métier épanouissant, ce n'est pas un caprice. C'est un projet !

Vous avez le droit à vos expériences de bonheur, vous avez le droit de choisir de vous rendre heureux. Vous avez le droit d'apprendre à vous créer ce socle de vie et l'espace suffisant pour réceptionner ce qui vous attend. Je crois en la notion de rencontre avec notre destin. Un peu comme une rencontre amoureuse de chaque jour, de chaque instant. Préparez-la, sentez-vous beau et désirable dès à présent, soyez réceptif et magnétique chaque jour. Et si c'est parfois plus compliqué à ressentir, détendez-vous, dormez. Vous remonterez sur la scène de votre existence demain, après-demain, ou au moment opportun. La chose qui importe le plus, c'est de savoir que vous avez déjà réussi à vous faire vivre ce qui compte, et vous réussirez encore. Ne vous laissez simplement pas tomber et soyez votre plus grand soutien.

“

Je vais réussir à me créer ce qui est essentiel pour moi, ce n'est qu'une question de temps. Je fais confiance et lâche mon besoin de contrôle. Je me tiens prêt·e sans être dans l'attente. Je suis conscient·e de ce que je souhaite et de ma capacité naturelle à l'attirer et à le vivre.

”

Le mantra du love

« Je vais réussir à me créer ce qui est essentiel pour moi, ce n'est qu'une question de temps. Je fais confiance et lâche mon besoin de contrôle. Je me tiens prêt(e) sans être dans l'attente. Je suis conscient(e) de ce que je souhaite et de ma capacité naturelle à l'attirer et à le vivre. » Lorsque vous en ressentez le besoin, répétez-vous ces phrases en boucle, écrivez-les sur un joli cahier, affichez-les sur votre frigo ou en fond d'écran, réécrivez-les avec vos propres mots. Ce qu'il faut que vous compreniez, c'est qu'il n'y a pas de formule magique exacte, il y a avant tout les mots qui vous donnent confiance, ceux qui auront un impact libérateur sur vous.

5

L'attraction érotique

« L'érotisme nous met au défi de rechercher un autre type de résolution, de nous abandonner à l'inconnu et l'insaisissable, et de briser les limites du monde rationnel. »

Esther Perel

Avant d'entamer ce chapitre, je tiens à vous partager une chose sur moi : la sexualité est un sujet qui m'a toujours fascinée. J'en ai fait, dès mes premières expériences, un sujet d'étude et d'exploration à part entière. Il y a deux jours, je posais dans mon esprit le besoin de prendre la direction de ce thème dans le livre. J'inscris alors le chapitre 5 sur mon manuscrit, et comme à mon habitude, je lis énormément d'autres ouvrages quand j'en écris un. J'écoute également des podcasts, des reportages, et d'autres supports qui pourraient nourrir mon inspiration. Je tombe donc à ce moment-là sur une vidéo YouTube proposant de faire une méditation pour activer l'énergie sexuelle sacrée. Point de hasard.

La narratrice décrit alors, dans sa visualisation, la présence de deux serpents qui partent du bas de la colonne et s'entrecroisent à l'intérieur du corps jusqu'au sommet du crâne. Après en avoir écouté les consignes et compris la trame, je décide d'aller pratiquer cette méditation au bord de la rivière qui coule juste en bas de chez moi. Je m'assois sur la pierre chaude, croise les jambes et me mets à imaginer les serpents qui s'enroulent autour de ma colonne. En ouvrant les yeux, je plonge mes deux pieds dans l'eau fraîche et vois à ce moment-là passer, sous mes yeux stupéfaits, un magnifique serpent. Une couleuvre vipérine pour être plus précise, elle est immense et fend l'eau avec grâce, passe au niveau de mes pieds, fait un tour sur elle-même et repart dans les fonds plus marécageux.

Carl Gustav Jung aurait parlé de « synchronicité », ce terme de psychologie qui désigne une « occurrence simultanée d'au moins deux événements qui ne présentent pas de lien de causalité, mais dont l'association prend un sens pour la personne qui les perçoit ». Cela n'est pas sans rappeler cette histoire du scarabée, dont une patiente de Jung a rêvé la nuit précédant leur consultation. Au moment où elle lui en parle, un scarabée doré se cogne à la fenêtre. Le psychanalyste se penche alors pour le ramasser et cela crée alors chez la patiente un déclic inconscient.

Dans cette existence, c'est ce que nous cherchons à créer. Les déclics intérieurs qui permettront de faire circuler l'énergie en nous, ceux qui permettront le

« eurêka » de nos problèmes. J'ai souvent ressenti que je franchissais des étapes par déclic. On peut passer certaines périodes de vie à se sentir en errance, peu importe le domaine, et un jour par magie, on franchit l'étape, on obtient plus que la compréhension, on vit l'intégration de ce dont il était vital de prendre conscience. Comme si un élément en nous retrouvait instantanément sa base de rechargement.

Une synchronicité n'apporte pas du sens en tant que tel, mais elle confirme une intuition et nous fait instantanément poser sur l'existence un regard plus symbolique, que je trouve personnellement poétique. Et c'est une condition nécessaire au bonheur, il me semble, car cela donne du sens aux événements de notre vie. Croire au hasard n'est jamais très porteur, alors que vivre avec une foi en la vie et en sa part divine l'est davantage. Dans mon expérience, cela a tout changé ! J'ai donc choisi de vivre la visite de ce serpent comme une confirmation que ce chapitre porterait bien sur cette thématique, et que nous allions, vous et moi, découvrir ensemble en quoi l'énergie sexuelle est un des socles du pouvoir créateur et un des carburants qui alimentent l'attraction.

En tant que fille, on réalise assez rapidement pendant l'adolescence, au moment où notre corps se transforme pour prendre les rondeurs d'une femme, que le regard des hommes change instantanément. C'est comme si, dans la même période que celle pendant laquelle nous découvrons nos premières règles, le shoot d'hormones de l'adolescence nous faisait d'un coup attirer les regards de la gent masculine. Je me souviens que j'ai réalisé ça en marchant dans la rue. J'avais peut-être 13 ans, je me rendais à Clamart pour faire des courses. J'ai senti pour la première fois le regard des hommes sur moi, parfois insistant et dérangeant, souvent malvenu, mais malgré tout intrigant. Presque du jour au lendemain, on se met à attirer l'attention.

C'est ainsi que beaucoup de femmes se mettent à se sentir petit à petit en danger, parce qu'elles n'arrivent pas à contrôler ce qu'elles attirent. Je vous donne mon avis, mais je trouve parfois les hommes très primaires et peu construits. Je ne fais pas de généralités, mais ils sont souvent restés à un stade très peu évolué et agissent sous le joug de leur besoin bestial de conquête sexuelle. On entend souvent dire vulgairement que les hommes ne pensent qu'avec leur sexe, mais au-delà de ces généralités un peu condamnantes, je vous propose d'entrer un peu dans le détail de l'énergie sexuelle, sa puissance, qui peut tout autant nous asservir que nous faire grandir. Je vous promets de ne pas tenir de propos trop manichéens et vous invite surtout à retenir ce qui vous parlera, d'expérimenter ce qui vous fera de l'effet simplement en le lisant. Sachez que l'érotisme est une énergie divine, nous allons donc voyager à travers elle et découvrir ce qu'elle peut nous permettre de vivre.

Nous sommes à la fois irrémédiablement attirés et effrayés par l'énergie sexuelle et ses effets. Nous, les femmes, grandissons souvent dans la crainte de ne pas trop assumer de la laisser vivre en nous, sinon pour qui nous prendrait-on ? Des allumeuses ? Des femmes « faciles » ? Souvent, nous oscillons entre la peur de passer pour une vierge effarouchée et celle d'être considérée comme une putain. Nos expériences liées à la sexualité sont souvent empreintes de tabous, d'héritages familiaux désastreux et de manques d'exemples inspirants. Il est rare de grandir auprès d'une mère pour laquelle la sexualité a été, et est toujours, un sujet sain et important de sa vie ; qu'elle sait placer au juste endroit de son épanouissement, sans en faire ni une obsession ni un déni. Cela a été mon cas, j'ai été élevée par une maman qui m'a inconsciemment transmis une grande licence à l'endroit de la sexualité. C'est ainsi que j'ai toujours été naturellement, et depuis l'adolescence, attirée par les expériences qui y étaient rattachées ; me permettant sainement de découvrir petit à petit cet univers.

Très tôt, j'ai eu instinctivement une connexion avec mon érotisme, et plus tard, j'ai vécu une rencontre avec mon corps, me faisant très vite expérimenter le paroxysme du plaisir, à savoir la jouissance. Je n'ai jamais eu besoin d'entendre parler de consentement pour savoir que j'avais évidemment le droit de dire non, peu importe les circonstances. Je pense que parfois, lorsque nous sommes élevés par des parents qui n'ont pas fait de chemin sur ce rapport à leur sexualité et aux expériences de traumatismes passés, ils nous lèguent en bloc cette difficulté à connaître et à poser nos limites. Celles du corps, par exemple, qui ne sont souvent pas les mêmes que celles de la tête. Je m'explique. Nous pouvons avoir envie « dans l'idée » d'expérimenter quelque chose, mais parfois, sur le point de le faire, un blocage existe dans notre corps ne nous permettant pas d'aller plus loin. Ne s'arrêteront alors que les personnes capables de l'entendre et d'être à l'écoute d'elles-mêmes. Il n'est jamais trop tard pour se connecter à la puissance d'une sexualité qui vit en nous et qui nous élève au lieu de nous réduire, auprès de nous-mêmes et des autres.

Être conscient et connecté à sa sexualité nous donne une force sans égale, d'attraction de nos désirs comme de libération personnelle. Je tiens à vous prévenir que les prochains paragraphes vont être une invitation à un voyage intime et profond. Celui à la rencontre d'une vision divine de notre énergie sexuelle. Car soyons en premier lieu conscient que c'est elle qui nous a créés et que sa puissance est à la fois mystérieuse et infinie ; elle porte comme objectif de nous élever et d'élever nos partenaires. Vous avez du pouvoir, et pas juste celui de mettre n'importe quelle personne qui vous plaît dans votre lit. Celui-là est même assez stérile. J'en ai fait longtemps l'expérience et je peux vous dire qu'à part alimenter l'ego et le tableau de chasse, cela ne nourrit pas profondément. J'ai personnellement le souhait d'expériences profondes et de « m'amuser » différemment qu'avant, avec plus de conscience et de compréhension de moi-même et de mes envies. Il est évident que plaire rassure, fait du bien, gonfle temporairement quelque chose en nous. Mais c'est un peu comme un ballon de baudruche, on peut chercher à plaire, obtenir de l'autre ce que l'on souhaite et pour autant ne pas en être satisfait. Car ce qu'on désirait vraiment n'était pas entendu ni compris. On troque parfois notre besoin de gérer nos insécurités contre des parties de jambes en l'air, certes agréables parfois,

“

Être conscient
et connecté à sa
sexualité nous donne
une force sans égale
d'attraction de nos
désirs comme de
libération personnelle.

”

mais les jours qui les suivent peuvent laisser en nous un immense sentiment de vide.

Nous, les femmes, voyons certaines fois notre émancipation sexuelle comme l'autorisation à faire absolument tout ce que l'on souhaite, peu importe les lieux, les partenaires, les pratiques. Nous sommes libres de tout vivre et tout expérimenter. Nous pouvons poursuivre une exploration curieuse et presque sans limite, tout au long de notre existence. Et soyons clairs, je ne le juge absolument pas. Je suis pour que les femmes, et les individus de manière générale, puissent vivre une sexualité épanouissante et féconde (et pas qu'au sens de la parentalité). Mais justement, chers lecteurs, il y a des périodes pour tout : certaines pour questionner et d'autres pour obtenir des réponses. Je pense que la sexualité doit être un terrain de mise à jour permanente, tout au long de notre vie, et nous nous devons de faire évoluer notre rapport à elle. Si vous êtes en train de lire ces pages, c'est que vous êtes aujourd'hui fin prêts à intégrer une nouvelle dimension dans votre rapport érotique aux autres, à vous-même et au monde.

Passons maintenant à la pratique. Avant de vous écrire ces lignes, j'étais installée tranquillement dans ma chambre, les volets clos, enveloppée par la douce chaleur de l'été qui apaise le corps et le détend. Autant vous dire que pour ce livre, j'ai joué les cobayes. Encore une fois, nous ne sommes pas tous les mêmes, et si, au-delà de cet ouvrage, vous souhaitez découvrir encore d'autres sources de transmission, faites-le ! Accoucher de nos capacités divines consiste à croire en la légitimité de nos instincts. Allez là où votre corps vous réclame de vous rendre, là où vous ressentez de l'attraction, sans en chercher en permanence les raisons. Pareil pour les rencontres humaines : parlez à ceux qui provoquent quelque chose en vous car ils sont des messagers sur votre chemin. Les autres ne nous plaisent pas uniquement pour que nous couchions avec eux, l'attirance est souvent le signe qu'il y a un truc qui se passe. Et c'est exactement ce « truc » que nous devons chercher à vivre. Ce n'est pas parce que vous êtes en couple et engagé avec une personne que vous ne pouvez pas avoir l'intelligence d'en découvrir d'autres. Je ne vous parle pas « sexuellement » mais « humainement » parlant. C'est en tout cas ce que j'ai toujours fait, et je peux vous dire que mes attractions n'ont jamais été le fruit du hasard.

Que mes rencontres soient avec des enfants, des personnes âgées, des hommes ou des femmes, lorsqu'il y a attirance vers un être, c'est avant tout guidé par le cœur. Je pense d'ailleurs que les rencontres amoureuses devraient suivre le même chemin et qu'on ne devrait jamais faire l'amour avec une personne qu'on trouve juste attirante physiquement mais avec laquelle on n'accroche pas plus que ça. J'aime tellement cette expression, « accrocher avec quelqu'un », comme un scratch qui agrippe son versant. On est aimanté vers certains êtres ; j'ai, d'ailleurs, un conseil qui pourrait bien vous servir à l'avenir : n'y résistez pas ! Vous avez le devoir d'aller à la rencontre de toutes les personnes qui vous aimantent. Cette dernière parle de vous et d'une facette que vous avez à télécharger de vous. Oui, je pense que les autres sont des serveurs *upload*, des supports par lesquels vivre un peu davantage de ce que nous sommes. Ils nous enrichissent en étant eux et nous font parfois prendre conscience de nous.

Se sentir attiré ne doit pas être traduit par le filtre de la peur, du besoin de contrôler. C'est justement beau et important lorsque cela nous échappe. Laissez ce ravissement exister dans vos quotidiens, faites-lui de la place en apprenant à ne pas vivre « l'attirance » uniquement dans vos espaces affectifs. Imaginez plutôt l'humanité comme composée de 8 milliards d'aimants, avec différentes polarités, dont les combinaisons sont multiples et infinies. Certains êtres nous font arrêter le cours de notre vie, nous font cesser cette marche effrénée contre la mort, créent une pause dans notre quotidien, allongent les minutes, raccourcissent les heures. Ils sont rares et précieux, et ces rencontres sont divines. Elles existeront quelles que soient vos circonstances de vie, mais ne seront reconnaissables que si vous apprenez à leur prêter une attention. Elles se traduiront par un échange fortuit, une connexion de quelques instants, parfois un nouvel ami, un coup de cœur pour un être qui fera d'une manière ou d'une autre, après cet instant, partie intégrante de votre histoire de vie.

Pardon pour la digression ; comme vous avez pu vous en rendre compte, il y en a beaucoup dans ce livre ! Pour en revenir à l'exercice auquel je m'attelais avant de vous retrouver, il est simple mais requiert un peu de pratique. Je vous invite donc à prendre le temps dont vous aurez besoin pour l'expérimenter, le refaire, jusqu'à l'obtention de résultats probants. Je pratique des visualisations juste avant l'orgasme depuis presque un an. Lorsque j'ai lu ou entendu quelque part que l'énergie juste avant la jouissance était capable de propulser une intention jusqu'au cosmos, je n'ai pas été vraiment étonnée. Avant l'extase, la force que l'on ressent dans le corps est incomparable à celle ressentie habituellement. On a la sensation d'être traversé par une énergie foudroyante qui circule dans toute la colonne, parfois même de la pointe des pieds jusqu'au sommet du crâne. J'ai donc cru bien volontiers les témoignages de personnes disant utiliser ces montées d'énergie pour activer leur puissance divine, leur santé globale et leur force d'attraction. Il est vrai que tous les orgasmes ne se valent pas et certains ont beaucoup moins de puissance que d'autres, mais peu importe, cela fonctionne quand même ! Je vous fais donc part d'une expérience intime, mais qui a transformé mon rapport à mon corps, mon énergie, et je pense – sans exagérer – à mon expérience de vie tout entière.

Développer une maîtrise de son pouvoir sexuel et érotique, un peu comme le charisme et le magnétisme dont nous parlions dans les chapitres précédents, permet de vivre et d'attirer beaucoup plus d'harmonie. On aime naturellement un corps et une peau qui nous procurent du plaisir et du bien-être, on a beaucoup plus envie de se connecter à soi-même quand on sait se faire vivre l'extase. Il y a donc une première pratique qui consiste à utiliser l'énergie de l'orgasme comme une catapulte qui vise directement l'objectif de nos désirs. Est-ce que ça marche, me demanderez-vous ?

Oui, mais pas toujours de la façon dont nous l'attendions. Cette pratique m'amène la plupart du temps à des prises de conscience qui mèneront ensuite à la réalisation de ce que je veux. Autre conseil : faites-le comme un jeu plutôt que dans l'obsession du résultat, car, comme nous l'expliquions plus haut, plus la demande ressemble à une supplication, et plus elle s'inscrit dans une part de nous souffrante. Et soyons clairs, cela ne se substitue pas à la prise de certaines décisions : cela peut simplement vous aider à obtenir l'énergie dont vous avez besoin pour les prendre, ou encore de la clarté sur un sujet, le résultat positif d'un dossier en cours, ou l'apparition d'une idée dont vous aviez urgemment besoin. Cela fonctionne aussi bien sur le matériel que sur l'immatériel.

À travers cette pratique, vous pouvez aussi poser l'intention de vous aimer encore davantage, d'être en bonne santé ou de vous faire plus confiance. Ça, c'est pour la théorie, passons maintenant aux conseils pratiques. Que vous fassiez l'amour avec quelqu'un d'autre ou avec vous-même, je vous invite à rendre les environnements propices au plaisir. Par exemple, j'ai personnellement besoin, pour atteindre plus facilement l'extase, d'un environnement chaud. Il m'est arrivé parfois d'avoir des montées d'énergie sexuelle en plein milieu d'un hammam, sans que mes pensées ne soient connectées à ça. Et si je laisse faire, je sens que l'énergie peut me faire atteindre l'orgasme sans même rentrer en contact avec mon corps. Certaines traditions parlent de montée de *kundalini*, vous avez peut-être déjà entendu ce terme. Selon moi, il désigne la capacité à transformer l'énergie sexuelle en énergie spirituelle. C'est-à-dire à élever l'énergie jouissive du corps pour atteindre une sérénité de l'esprit.

Ça vous tente d'en faire l'expérience ? D'utiliser votre énergie érotique pour déployer votre puissance ? Alors, c'est parti, préparez-vous à des semaines d'exploration qui vous feront goûter à votre sexualité d'une manière tout autre. Et même si la plupart des traditions vous diront que vous avez besoin d'un partenaire pour amplifier vos rituels, sentez-vous libre de le faire uniquement avec vous-même. Mes pratiques de « sexualité sacrée » sont des moments de retrouvailles avec moi-même et de reconnexion à mon monde intérieur. Ces expériences ont développé mes envies, car cela agit comme un activateur de libido et donc d'énergie vitale. Ne trouvez donc pas l'excuse d'être seul et de vouloir attendre de pratiquer avec quelqu'un, faites-le dans votre laboratoire intime. Faites-en un secret délicieux ou un support de partage avec l'autre.

Faites-en ce que vous voulez, mais faites-le ! Consacrez un moment quotidien à ça, ne serait-ce que quelques minutes. Achetez des objets qui vous font atteindre l'extase plus vite, essayez votre pommeau de douche, vos mains, votre imagination. Vous verrez, ça devient rapidement une habitude parce que cela maintient dans une forme de bien-être qui s'étend sur les heures qui suivent, et renforce notre magnétisme. On sent les gens qui vivent dans leur corps et on sent également ceux qui sont connectés aux plaisirs de leurs sens. Ces êtres charnels, sensuels, vivants, on les reconnaît. Et inexorablement, ils nous attirent.

La visualisation érotique des deux serpents

Le contexte : prévoir un environnement chaud, dont l'air soit légèrement humide si possible. En tout cas, pas trop sec. Tamisez la lumière à votre goût ou, au contraire, ouvrez grand les volets pour faire entrer le soleil. L'idée est de réunir les conditions de votre extase, et ce, à chaque fois que vous vous apprêterez à pratiquer ce rituel érotique. Oubliez pour une fois les supports habituels (lectures, vidéos, podcasts). Soyez juste avec vous-même. Et mettez de la musique si cela vous aide à vous détendre. Le son est un excellent conducteur de l'énergie dans le corps.

Allongez-vous et commencez par visualiser une boule de chaleur entre vos jambes dont le feu, doux et agréable, s'étend à chaque respiration davantage. Ensuite, faites en sorte que cela active votre énergie sexuelle. De la même manière dont on commence à ressentir l'excitation physique, trouvez un moyen de provoquer ces premières sensations. Comme je vous le disais plus haut, vous pouvez utiliser un objet, vos mains ou simplement votre attention. À ce moment précis où l'excitation vous déclenche des sensations, visualisez deux serpents (la couleur varie en fonction des traditions : noir et blanc, ou bleu et rouge, choisissez ce qui vous parle le plus, je ne pense pas que cela compte fondamentalement). Ces deux serpents partent de votre périnée et vont s'entrecroiser dans chacun de vos centres énergétiques, au nombre de sept et communément appelés *chakras*. Pas besoin d'avoir un master en sanskrit pour pratiquer cette expérience, même néophyte et inhabitué à ces termes-là. Le plus important est de rester dans une posture à la fois détendue et concentrée pendant l'exercice. Visualisez donc ces deux serpents qui partent de votre coccyx, au niveau de votre périnée, à l'emplacement du premier chakra (racine), les serpents s'entrecroisent ensuite au niveau du deuxième chakra (sacré) qui se situe derrière votre nombril, remontent vers le troisième chakra (plexus solaire), au niveau de votre plexus solaire. Continuez de visualiser les serpents qui s'entrecroisent plus haut au niveau de votre chakra du cœur, situé au-dessus de votre poitrine. Ils passent ensuite par le chakra au niveau de votre gorge, puis par votre troisième œil, le sixième chakra que vous

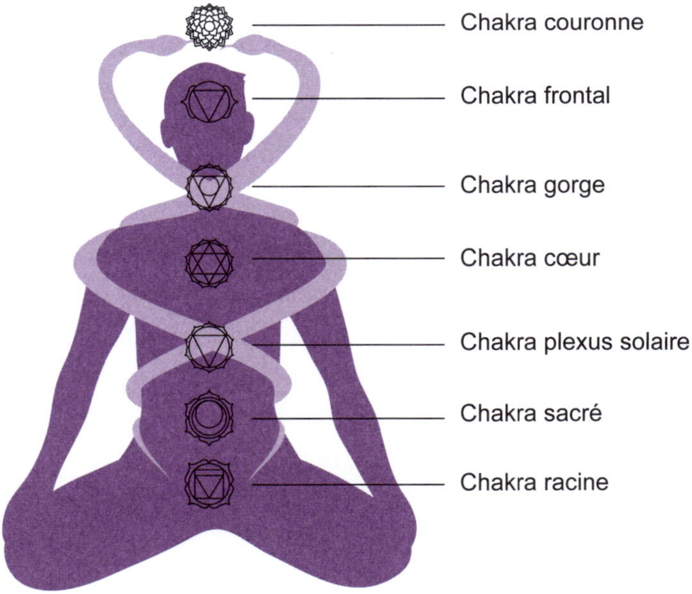

retrouvez au niveau du front, un peu au-dessus de vos deux sourcils. Ils finissent leur chemin au sommet du crâne, au niveau du dernier chakra (couronne). Le schéma vous aidera à mieux visualiser leur circuit lorsque vous aurez les yeux fermés.

La cerise sur le gâteau est de ne pas s'arrêter là et de faire ensuite redescendre cette énergie au niveau du cœur. Il est clair que les premières fois, on cafouille, on a du mal à bien imaginer ou à rester concentré, mais comme toute chose, c'est une question d'entraînement. Rassurez-vous, ça s'acquiert très vite. L'idée est de sentir les serpents vous traverser et s'entrecroiser au niveau de tous les centres énergétiques que nous avons évoqués plus haut, et qu'en même temps, vous fassiez monter votre désir. Comme si le plaisir se mettait petit à petit à circuler dans votre corps le long de toute votre colonne vertébrale et remontait jusqu'au sommet de votre crâne pour revenir ensuite au cœur. Donc une fois que vous ressentirez l'énergie sexuelle tout en haut, à l'endroit où les serpents ont fini de s'entrecroiser, imaginez que l'énergie redescend dans le cœur et ouvre votre poitrine. Si vous sentez que l'orgasme est proche, c'est le parfait moment pour jouir, tout en étant connecté à une intention. Pensez-y juste au moment du basculement vers l'extase si vous y arrivez.

Personnellement, j'ai mis du temps avant d'être capable de penser à mes intentions avant de jouir, mais cela devient vite une habitude. Et puis, rappelons-le, au-delà des pratiques et visualisations évoquées plus haut, la masturbation est excellente pour la santé à tous les niveaux : mental, physique, émotionnel et même spirituel. Cela vous apaise de vos angoisses, adoucit vos tristesses et remonte toujours l'énergie globale de votre corps. C'est un puissant levier d'attraction, y compris sur le plan amoureux car il agit comme un philtre d'amour. On attire beaucoup plus facilement un partenaire affectif sain, fiable et qui nous correspond, lorsqu'on est connecté au plaisir de sa chair, à l'amour de son corps et aux élans de son cœur.

N'en doutez plus, les vertus de la jouissance physique, avec soi-même ou les autres, sont innombrables et porteuses de pouvoirs magiques et divins : ceux de la création et de l'attraction. À nous d'en faire (très) bon usage...

6

Don't kill my vibe !

« L'avenir, tu n'as pas à le prévoir mais à le permettre. »

Antoine de Saint-Exupéry

Une des clefs de l'épanouissement consiste à ne laisser rien ni personne faire baisser votre niveau d'énergie. Moi la première, je connais cette recette par cœur en théorie et je tente de l'appliquer depuis déjà très longtemps. J'ai appris à m'aimer, à me faire confiance, à pacifier totalement le rapport que j'entretiens avec moi-même. Mais malgré ça, chers lecteurs, je sors de mon lit encore certains matins, déçue que « la vie » ne m'apporte pas l'entièreté de ce que je veux vivre. Je me réveille parfois avec la sensation de faire ce qu'il faut, et pourtant, de ne pas obtenir les résultats escomptés. Et c'est dans cet état précis que je perds mon pouvoir créateur. Pourquoi ? Parce qu'à ce moment-là, je laisse au monde extérieur la possibilité de tuer mon énergie de vie, cette fréquence créatrice, qui nous fait nous sentir serein et en sécurité.

Rappelez-vous tous ces moments où vous étiez « dans le flow », porté par la vie, connecté à l'instant présent et à rien d'autre. Ces périodes où vous étiez

“

Une des clefs de
l'épanouissement
consiste à ne laisser
rien ni personne faire
baisser votre
niveau d'énergie.

”

détaché des peurs, des stress, des angoisses, à propos du passé, du présent ou même de l'avenir. Le rapport au temps nous submerge, nous n'arrivons plus à trier ce qui devrait appartenir à « hier » ou n'être pris en compte que « demain ». C'est souvent notre besoin de contrôle, et notre peur que les choses nous échappent qui nous envahit. On se sent alors débordé par nos contraintes. On a l'impression d'avoir fait le mauvais choix, de s'être trompé. On culpabilise, on s'énerve, et petit à petit, sans même s'en rendre compte, on éteint ce que l'on est. On étouffe l'énergie de vie qui nous traverse, on bloque le courant. On part en court-circuit ! Et on pleure de ne pas être électricien, de ne pas savoir comment changer le disjoncteur. Alors lisez bien ce que j'ai à vous dire. Lorsque cela arrive, coupez tout. Passez une nuit sans électricité (symboliquement évidemment) ! Laissez l'obscurité favoriser un profond sommeil et l'expression de toutes vos émotions. Et à l'aurore, ressentez que les éléments s'éclairent. Aux premières heures du jour, il y a une énergie magique. Quand on observe un lever de soleil, on est à chaque fois rempli de la sensation que tout est possible.

Ce serait donc ça, un des secrets : revenir au corps, aux sensations, à la peau, lorsqu'on est envahi par nos esprits submergés d'angoisses et d'insatisfactions. Il suffit parfois de sortir « s'aérer l'esprit » comme on dit. Il s'agit de le faire vraiment. De prendre un pull, une valise, ou rien d'autre que soi-même, pousser la porte de nos maisons, de nos vies, de nos lancinantes habitudes. S'extirper au plus vite vers de nouveaux horizons, vers des zones inconnues, vers l'émerveillement, la simplicité d'un moment où l'on rend absolument tout possible. Parce que je crois que c'est finalement ça, le plus important. Porter en nos cœurs la sensation qu'on est apaisé et serein. Sentir qu'on a déjà tout, mais qu'on est tout de même prêt à accueillir le monde. Nous ne devons jamais nous laisser tomber à l'endroit de nos frustrations, dans cet état qui nous rend victimes de nous-mêmes. Lorsqu'on s'observe accabler les autres, leur en vouloir pour nos manquements, pour leur indifférence à nos souffrances, on fait fausse route. Dans ces instants, on redevient des enfants qui pleurent et se débattent, parce que leurs besoins ne sont pas entendus ni pris en compte. Il est alors temps de se rappeler que nous sommes aujourd'hui devenus des adultes. Que l'enfance n'est plus. Et que cela a d'immenses avantages.

Sachez-le, je comprends que, certaines fois, être responsable de vous-même peut devenir un poids immensément lourd à porter. Surtout lorsqu'on manque de confiance. C'est comme si nous n'avions pas reçu la capacité à nous élever dans cette vie, tout au long des périodes, faciles et difficiles. Nous manquons souvent d'une stabilité intérieure, d'une reconnaissance en nos pouvoirs et nos ressources. Parfois, on sombre dans nos doutes, et on aimerait s'en remettre à *Maman.* Je ne suis pas sarcastique en disant ça, j'ai moi-même eu besoin, tout au long de ma vie d'adulte, d'appeler parfois ma mère pour pleurer comme une petite fille. Et entendre un « Ça va aller ma nounou, je t'appelle plus tard. » Une figure affective stable, c'est immensément précieux. Parce qu'on a parfois le besoin de redevenir l'enfant qu'on était, l'espace de quelques minutes. Avoir le réflexe humain de tout lâcher, de ne plus nous prendre en charge temporairement, est un droit que l'on peut s'accorder pour reprendre le dessus plus rapidement.

Les gens perçoivent souvent chez moi une grande force et confiance. Et ils ont raison, je porte en moi un pouvoir sans limite. Et soyons clairs, ce qui m'a toujours aidé à le faire grandir, ce sont deux choses : ma capacité à demander de l'aide à l'extérieur et mon autorisation à être vulnérable et sensible, en exprimant aux autres les émotions qui me traversent. J'ai également toujours senti que m'offrir des journées pour vivre mes émotions fortes me permettait de les « classer » très rapidement, et d'en faire une marche solide sur laquelle déposer mes pieds pour monter plus haut encore. Comme je vous le disais, il est important (mais pas toujours chose aisée) de repérer les endroits où vous donnez le pouvoir aux autres, à vous rendre heureux. Voici un repère : toutes les fois où vous n'êtes pas dans un super *mood*, observez en vous à qui vous attribuez le rôle de « responsable ». Je sais à quel point on crève d'envie, la majorité du temps, de faire porter aux autres la responsabilité de nous sentir mal. Mais la seule clef pour en sortir, c'est de reconnaître que nous y consentons, et qu'une part de nous l'utilise pour appuyer sur une blessure déjà existante.

En matière de relations humaines, j'ai souvent donné l'autorisation aux autres de me faire me sentir contrariée, irritée, frustrée, que ce soit par leur manque d'égard ou de tact, leurs non-réponses à des messages ou des engagements, leur incapacité à prendre en charge leurs humeurs ou leurs états d'âme. Toutes les fois où j'ai pris sur moi, pour moi ou contre moi, ce qui appartient à l'autre, je me suis rendue malheureuse. Toutes les fois où j'ai laissé mes fesses posées à un endroit qui ne me convenait plus, auprès d'une personne ou d'un projet qui ne me correspondait pas, je me suis rendue malheureuse. L'autre n'est pas la cause, il est la conséquence : celle de laisser vivre des dénis, de ne pas toujours être capable de clarté avec soi-même, de courage à laisser partir ce qui n'est pas adapté à notre bonheur. Nous sommes humains, nous ressentons parfois des peurs, du découragement et certaines fois même de l'accablement. C'est important que vous l'acceptiez pour vous en libérer. Et c'est important que vous appreniez à en sortir pour vous aimer.

Si j'écris ce livre, ce n'est pas pour vous transmettre la formule à appliquer et qui changera toute votre vie, d'un coup de baguette magique. Je ne vous tends pas la lampe du génie, mais je vous montre subtilement là où elle existe en vous, là où vous pouvez frotter pour exaucer vos vœux. Et pas que trois fois, à l'infini… Nous devenons créateurs de notre destin quand nous nous mettons à l'habiter, dans la responsabilité qu'il nous offre. Votre *flow*, cette manière de surfer sur votre existence avec évidence et fluidité, se met à apparaître lorsque vous faites petit à petit vivre une maîtrise de vous-même. L'idée, c'est de faire une différence entre vos instincts de contrôle liés à la peur, et la maîtrise, c'est-à-dire une posture intelligente et confiante avec vous-même et l'énergie divine qui vous habite. Si vous continuez à garder le contrôle sur les autres, vos partenaires de vie, vos enfants, les inconnus, si vous continuez à vouloir changer les gens autour de vous, que vous tentez par tous les moyens de maîtriser le temps, les circonstances extérieures, vous êtes dans l'erreur. Vous vous coupez instantanément de votre énergie de vie. Partons d'un postulat : il n'y a pas d'avenir, nous le vivons déjà. Cette croyance peut vous aider à obtenir les déclics dont vous avez besoin. Nous inscrivons le temps d'une manière qui nous angoisse, je vous propose de le percevoir maintenant différemment.

« Partons d'un postulat : il n'y a pas d'avenir, nous le vivons déjà. »

Lorsqu'un médium prédit votre avenir, il ne fait finalement que lire en vous ce qui résultera de ce moment présent. Il capte une réalité possible à partir de ce que vous êtes dans l'instant. Mais ce que vous êtes évolue à chaque instant, et c'est bien ça, la bonne nouvelle ! Au moment où vous lisez ces lignes, vous écrivez votre futur parce qu'il existe déjà à travers ce que vous incarnez. Si, par exemple, vous attendez désespérément de vivre le projet qui va changer votre carrière, vous écrivez un futur dans lequel votre vocation est liée à l'attente, à la souffrance, à la non-prise en charge de vous-même. Vous écrivez le vide à l'endroit où vous attendez d'être plein. Et c'est souvent ça qui fait bugger le système. Parce que ça ne peut pas aller de pair. Cette vibration de « manque » ne peut en aucun cas mener jusqu'à vous, à la sensation d'être complet. Dans le champ magnétique que vous émettez, il y a mille et une informations, et je pense que l'état émotionnel avec lequel nous attirons les choses détermine la qualité future de cette attraction. Par exemple, si vous avez rencontré votre « âme sœur » dans un état de désespoir, je ne suis pas sûre que cet état ne resurgisse pas à un moment ou un autre de la relation. Parce qu'il a été un ingrédient principal de la recette, de ce que vous étiez alors.

Et vous me demanderez sûrement comment est-ce que l'on peut faire pour ne plus se laisser envahir par l'attente, le manque et le désespoir. Des émotions que nous ressentons absolument tous dans nos vies, au moins une fois, et souvent de trop nombreuses. Je n'ai pas de recette universelle ni miraculeuse, mais j'ai mes expériences et mes compréhensions, des leviers à actionner pour retourner au siège de ma souveraineté, les biais par lesquels me rendre de nouveau heureuse et les réflexes à avoir, au cas où je me laisserais un peu trop longtemps toucher puis couler. J'accepte de me voir parfois patauger, mais il est évidemment impensable de me laisser sombrer. Alors je vous propose d'établir un plan d'action lorsque vous êtes traversé par ces spleens existentiels qui ont le goût de « ça ne s'arrêtera jamais ».

Plan d'action en cas de drama

1. Lâche le doss !

Lorsque je galère à faire rentrer de l'argent, de l'amour ou n'importe quoi d'autre dans ma vie, je lâche l'affaire. Non pas dans l'idée d'avoir perdu tout espoir, mais au contraire par volonté de faire confiance, de laisser venir, à la fois les bonnes idées et la détente à l'intérieur de mon corps. Car sachez que plus vous êtes crispé, moins l'énergie divine circule, donc plus le champ d'attraction est étriqué et moins il est efficace. Le maître-mot, c'est : détendez-vous ! Allez dormir, prendre un bain, vous faire masser, faire du sport, l'amour, nagez, chantez, dansez, extériorisez, peu importe les moyens employés. Revenez à vos cellules et à vos sensations physiques. Laissez réapparaître le calme en vous. Laissez-vous couler dans votre corps, lâchez prise, faites en sorte d'atteindre l'état où l'on se laisse enfin aller. Même si la tête nous raconte de nous affoler, et surtout si elle le fait. Rappelez-vous que tout va bien, qu'il n'y a pas de danger de mort, que vous êtes en vie, avez un toit sur la tête et des gens précieux qui vous entourent. Rappelez-vous que vous êtes aidé, soutenu, accompagné. Écrivez sur une feuille de papier la phrase suivant : « De bonnes choses viennent à moi. J'aime la vibration de... *(là, vous complétez avec ce dont vous avez le plus besoin).* » et affichez cette phrase partout afin de la lire spontanément le plus souvent possible. Mieux encore, essayez de vous réveiller chaque matin en pensant instantanément à elle. Avant même de penser à vos obligations, vos responsabilités et les nombreuses tâches qui vous attendent. Le matin, nous sommes vierge, une vraie page blanche. Au lieu de raturer direct, je vous conseille d'essayer d'abord d'écrire quelque chose de joli et au propre. Et après ça, vous ferez de votre mieux pour que,

> « De bonnes choses viennent à moi. »

les heures suivantes, il y ait le moins de gribouillis possible.

Lorsque vous revenez à vos sensations physiques, vous prenez le temps de vraiment vous laisser aller, vous videz le trop-plein de pensées étouffantes qui finissent par vous donner le sentiment intérieur d'être à l'étroit. On peut avoir l'impression d'être en prise à l'angoisse alors que nous pouvons reprendre petit à petit le pouvoir sur elle. L'énergie de peur, par essence, rétracte alors que la confiance expanse. N'oubliez jamais cette donnée car elle est déterminante, et particulièrement dans son application. Lorsque l'on sombre dans l'obsession d'obtenir ce dont on a cruellement besoin, la solution serait de transformer le poids de l'attente en une patience légère et confiante. Ne plus prêter attention à l'obtention de nos besoins et désirs, être persuadé qu'ils sont en chemin vers nous, et être occupé par soi-même. Un peu comme on aide un enfant à changer son espace d'attention, en le réorientant vers ce qui lui sera bénéfique. Vous devez devenir, à chaque étape de votre vie, un parent bienveillant pour vous-même, qui vous distrait, vous change les idées et vous ramène au sentiment de joie simple et de réconfort. Ne soyez pas ce type de parent qui vous promet monts et merveilles et vous fait ensuite patienter sans jamais honorer son engagement. Soyez occupé à vivre, à vous vivre. À faire ce que vous aimez, à être qui vous aimez. C'est en lâchant le besoin pressant d'obtenir le résultat escompté que, le plus souvent et dans mon expérience, vous l'obtiendrez.

2. Change la narration

Nous allons maintenant nous intéresser à une donnée déterminante pour augmenter notre pouvoir d'attraction : nos pensées. Si vous ne vivez pas ce que vous souhaitez, le travail sur votre champ de pensée est une part essentielle pour accéder à votre force divine. Lorsqu'une chose résiste à exister dans votre vie et/ou dans la forme escomptée, la première étape consiste à observer ce que vous vous racontez à propos de vous-même et face à cette situation. Essayez de démarrer vos phrases par « Je crois que… », « Je me raconte que… », « Je pense que… ». L'idée est de réaliser que votre lecture de la réalité n'est qu'un point de vue, une opinion sur vous-même, au sujet de ce que vous traversez. Cela peut, par exemple, s'exprimer par « Je me raconte que je ne mérite pas l'amour », « Je pense que l'argent ne va qu'aux autres »… En général, c'est la pensée que vous avez à propos de vous-même et de la situation qui vous fait souffrir. Et ces pensées peuvent remonter à loin, à des ancrages souffrants de notre enfance, des épisodes traumatisants qui ont laissé des blessures encore ouvertes et sans même que vous en ayez conscience. Cela fait très longtemps que vos pensées inconscientes régissent vos attractions et qu'elles vous font souvent retomber dans vos « travers », afin que vous changiez la narration de l'histoire. C'est-à-dire la manière dont vous vous êtes interprété, et dont vous avez interprété la situation, a laissé en vous des traces, qu'on appelle croyances. Une pensée sans cesse répétée dans nos esprits finit par y adhérer fortement jusqu'à créer ensuite nos réalités. Cependant, pas de panique, ce n'est pas une fatalité !

Lorsque vous souffrez, c'est l'alarme qui se déclenche. Prenez-le comme une opportunité de vous débarrasser définitivement d'une narration qui ne vous mène pas à vivre ce que vous aimez, et à aimer ce que vous vivez ! Une fois les pensées à propos de vous-même identifiées, débarrassez-vous-en en les brûlant, en les déchirant, en les jetant dans un espace symbolique pour vous. C'est une manière d'informer l'inconscient (qui comprend très bien le langage métaphorique) qu'il est temps de réécrire l'histoire. Donc faites-le ! Prenez vos pensées par la peau du c**, et racontez-vous l'histoire différemment. Si nous avons l'impression d'avoir déjà tout fait sans obtenir le résultat attendu, c'est que perdure un élément bloquant. Je me suis vue personnellement mille fois résister sur des sujets de ma vie, en ayant l'impression d'avoir déjà « fait le taf » et de rencontrer, malgré cela, les mêmes résultats. La pensée qui nous fait dire « il n'y a plus rien à faire » est une hérésie face à laquelle nous nous devons de ne pas céder. Ne prenez pas ces situations pour valider encore une fois que vous n'êtes pas « assez ou suffisant ».

Donc faites-moi plaisir, chers lecteurs, devenez les snipers de vos croyances, écrivez-les chaque jour si besoin, essayez d'avoir le plus de discernement possible. Demandez de l'aide, faites des accompagnements avec des thérapeutes, des psys ou des coachs. Ils vont aideront à entrevoir une clarté dans ce qui se joue et vous donneront accès à des moyens de vous en libérer. Mais n'oubliez jamais : votre plus grande boussole, c'est vous-même. Alors entreprenez dès maintenant l'investigation et ne vous laissez jamais décourager. Car c'est à cet endroit précis, celui où vous lâchez votre foi, que vous perdrez la main. Vous ne rêvez pas, par hasard, ni d'un grand amour, ni d'une vie exaltante, ni des moyens et des circonstances pour les mettre en œuvre. Tout est là, et avant tout, la personne qui l'exaucera ! Reprenez confiance, conscience, retroussez les manches de vos pensées infécondes et allez-y !

3. *Avance par petites étapes vertueuses*

Souvent, lorsqu'on se sent débordé, on ne sait plus par quel bout prendre les choses. On a l'impression d'être face à une montagne impossible à gravir parce qu'on est trop fixé sur le sommet. Et d'un coup surviennent le découragement, les résistances, on se trouve mille excuses pour ne pas tenter l'ascension parce qu'on ne s'en croit pas capable. Je vais vous faire une confidence : dans ces moments-là, j'ai toujours pris les choses par morceaux. J'ai commencé par me concentrer sur la première étape, puis la deuxième, et au fil du mouvement, j'ai retrouvé mon enthousiasme, qui était jusque-là noyé par la vision de tout ce qu'il y avait à parcourir. J'agis comme ça pour tout, lorsque je rencontre des enjeux d'argent, de carrière, ou autre, je prends les choses étape par étape. Lorsque je me sens submergée, j'arrête de me précipiter et reprends doucement ma cadence. Lorsque nous rencontrons des difficultés, cela nous pousse dans nos insécurités et on se raconte vite qu'on n'y arrivera jamais. Reprenez le chemin pas à pas, remettez du mouvement à votre sentiment d'inertie et réglez les choses les unes après les autres. « Rien ne sert de courir, il faut partir à point. »

7

Découvrir que vous saviez déjà

« La vie fait mal, aussi longtemps qu'on veut lui imposer un sens, la tordre dans une direction ou dans une autre. Si elle n'a pas de sens, c'est qu'elle est le sens. »

Christiane Singer

Au moment de me lancer dans l'écriture de ce livre, j'ai repensé à un échange téléphonique que j'ai eu quelques mois plus tôt avec mon éditrice Élodie : « Il y a très peu d'auteurs français qui ont écrit au sujet du pouvoir d'attraction, souvent ils sont américains. » En effet, j'ai découvert des auteurs, pour la plupart vivant aux États-Unis. J'ai commandé certains livres et en ai téléchargé d'autres en audio. Le sujet de l'attraction a bercé mon été, a accompagné mes sorties en rivière, mes après-midis à lézarder au soleil, mes balades. « J'en ai bouffé » comme on dit ! Et c'était important pour moi de découvrir, au-delà de ce que j'avais déjà pu lire par le passé, quelles étaient les transmissions des autres. Il n'est pas question dans ce livre de vous faire un déroulé scolaire, citant bien consciencieusement les vérités de ces auteurs. Je ne dis pas qu'on ne s'inspire pas de certains modèles, mais on devient capable de transmettre vraiment lorsqu'on a digéré le savoir théorique et qu'on l'a métabolisé en connaissance, grâce à nos propres expériences. C'était donc mon but : expérimenter « ce qu'on dit ».

Et sans vouloir être désobligeante, dans la majorité de ces ouvrages, certains éléments m'ont dérangée. Notamment le fait que la plupart des auteurs ont un déroulé commun dans leur transmission, ils se basent sur leurs résultats pour vous transmettre qu'ils ont les capacités. Et clairement, je ne remets pas en question le fait qu'ils aient saisi les tenants et aboutissants du fonctionnement de l'attraction, mais à mes yeux, ils nous transmettent les choses à l'envers. Je vais vous confier une révélation puissante que j'ai eue au cours de mes années sur Terre. Ce ne sont pas mes résultats actuels qui déterminent mon pouvoir d'attraction, mais ma conscience et confiance à le détenir. C'est parce que je vis dans la reconnaissance d'être une femme puissante que j'attire depuis la fin de mon adolescence des opportunités quand j'en ai le plus besoin. Je comprends que ce soit subtil à saisir, mais c'est pourtant déterminant. Il y a des moments de vie où, comme vous, je vis un sentiment de vide. Mais j'essaye de ne pas l'interpréter comme tel, ce qui fait que la vie suit ses enchaînements et alternances ; son rythme naturel finalement.

“

Ce ne sont pas
mes résultats actuels
qui déterminent mon
pouvoir d'attraction,
mais ma conscience
et confiance à
le détenir.

”

Certaines périodes de vie, si je m'agace à ne pas obtenir ce que je veux, je fais le cheminement qui compose ce livre et je reviens à ma capacité à me rendre heureuse, sans attendre. Avec l'entraînement, je m'extirpe de plus en plus vite de ce cycle d'impuissance. Cependant, quand cela m'arrive encore, je suis cette invitation à me reconnecter à mes forces vives et intérieures. Nous n'avons pas à faire la preuve d'une vie qui se déroule selon le parfait plan de nos désirs, de nos carnets d'intentions ou de nos tableaux de visualisation (vous savez, ces outils pour nous aider à projeter notre future réalité). Et c'est pourtant ce que font la majorité des personnes qui vous transmettent leurs connaissances sur l'art de manifester. Ils vous prouvent qu'ils ont réussi à trouver les moyens d'écrire dans leur vie, ce qui était écrit dans leur esprit. Et qu'on soit bien clair, je ne dis pas que cela ne fonctionne pas pour eux. Je dis juste que pour ma part, ce déroulé ne s'est quasiment jamais passé comme on l'enseigne, tout simplement parce que ce n'est pas ma nature de fonctionnement. Je n'aime pas prévoir mais plutôt me laisser surprendre. Depuis que j'ai quitté le domicile familial et que je m'assume en tant qu'adulte responsable, j'ai accédé à des opportunités miraculeuses auxquelles je n'aurais jamais pensé. La seule chose que j'ai fait vivre, c'est la reconnaissance d'être une personne unique, talentueuse, puissante et en laquelle j'ai une infinie confiance. Cette « simple » pensée et croyance sur moi-même m'a ouvert des portes auxquelles je n'ai jamais frappé. Et vous savez quoi ? Je crois que je tombe amoureuse de la vie lorsqu'elle a ce goût de surprises, d'évidences inattendues et d'émerveillement.

Ce qu'il est primordial de faire exister, c'est cette posture magique à rester en connexion avec la sensation de vie en soi, en se sentant le maximum du temps « à sa place ». On s'en fout finalement, des « cahiers d'intentions », des habitudes matinales, car ils ne restent que des supports. Alors, bien sûr, s'ils ont une symbolique puissante pour vous, ils marcheront, mais encore faut-il qu'ils parlent à votre manière de vous concevoir et de vous inscrire dans le monde. Nous n'avons pas tous les mêmes interrupteurs et il nous faut trouver les rituels qui auront le pouvoir de nous « allumer ». Comme je vous l'ai expliqué dans les premiers chapitres, le jeu de la vie consiste à allumer la flamme à l'intérieur et à faire en sorte de la maintenir toujours allumée, à plus ou moins forte intensité, jusqu'à la fin de nos jours, et de tout faire pour qu'elle ne s'éteigne jamais. Le problème, c'est que la majorité des gens ont sombré : dans la peur, le besoin de contrôle, le déni, la souffrance. Et ils sont devenus accros à ça. Je sais, ça paraît fou, mais j'en ai tellement fait le constat. Même en moi. On peut être complètement obsessionnel de choses qui ne nous font pas du bien : un travail pour obtenir la reconnaissance, un couple dans lequel on s'oublie, fonder une famille pour suivre « les règles ». Il y a tellement de décisions prises chez les gens et qui les tuent à petit feu. Parce qu'on ne leur a jamais transmis l'importance d'avoir sondé la vie en eux, d'avoir posé la question à leur cœur de si ça le faisait vraiment battre.

Dans les ouvrages traitant de la loi de l'attraction que j'ai pu découvrir, les auteurs vous décrivent les habitudes qui les ont aidés à devenir créateurs de leur vie, et souvent sur des chemins très balisés et normés : obtenir de l'abondance financière, de succès et d'amour. Et même si cela peut être inspirant, et que leurs méthodes peuvent avoir des effets positifs dans votre vie, je trouve que leur propos est devenu avec les années un peu poussiéreux. Il ne correspond plus à la modernité de nos époques en termes de désirs exprimés par les générations actuelles, qui tendent surtout à vivre en harmonie, avec l'humanité et l'environnement, et à se réaliser dans ce qui donne du sens à leur vie et les épanouit vraiment. J'ai lu un ouvrage de

Gabrielle Bernstein, *Super Attractor* – récent pour le coup puisqu'il est sorti en 2021 (chez Guy Trédaniel éditeur) –, et même si j'ai aimé le ton sur lequel elle s'adresse à ses lecteurs et plus globalement le personnage qu'elle incarne, j'ai trouvé son ouvrage sage et policé. Elle transmet les apprentissages qui lui ont donné des fruits, mais l'expression de son pouvoir, à mes yeux, est souvent dû à des aides extérieures : les archanges, les guides, les entités supérieures, etc. Et lorsqu'on galère dans sa vie, et qu'on a en plus le sentiment que personne n'entend notre appel à l'aide, même pas « Dieu », cela renforce la souffrance et ravive souvent des blessures profondes.

Dans mon parcours, et comme je vous le disais plus haut, je n'ai pas prémédité grand-chose. La seule chose que j'ai gardée en conscience, c'est la certitude en mes capacités, ma chance et mon courage qui m'ont poussée à tenter le coup comme on dit, dès que j'en ressentais l'élan. On nous dit souvent que le bonheur n'est pas une destination mais un chemin. Chez moi, il a été l'intention permanente à ma vie, le fil rouge sur lequel tirer pour sortir du labyrinthe de certaines périodes. Écouter mes envies du moment, mes désirs ardents, m'autoriser la folie, l'insolence, la désobéissance. Trouver en moi l'audace à inventer des expériences qui me ressemblent, une vie basée sur aucun modèle préconçu. Nous restons souvent de « bons élèves », même dans nos recherches de sens et d'épanouissement. J'en ai écrit un livre, juste avant celui-là, *Diplômée de l'univers*, dans lequel je transmets l'idée que chacun naît avec son mode d'emploi, de fond et de forme, et que nous disposons d'une vie pour apprendre à le comprendre. Le sujet de l'attraction est une suite logique à mes précédents livres, le tout premier faisant office de socle. L'amour de soi reste pour moi le pilier ainsi que le combustible qui fera s'embraser n'importe quelle vie.

Ce qui compte pour moi que vous gardiez en tête, c'est qu'il ne suffit pas de faire un bilan de ce que vous réussissez en permanence à attirer pour arriver à la conclusion que « vous avez compris ». Selon moi, cela n'arrive jamais. On n'a jamais « tout compris », simplement parce que cela a sûrement peu d'intérêt. Nous devons vivre plutôt que de chercher à comprendre, et ainsi troquer notre besoin de contrôle par un sentiment de maîtrise confiante. L'esprit humain est naturellement dans une recherche de « réponses » à ses questions et de résolution de ses problèmes. C'est même exactement pour cette raison que vous êtes en train de me lire. Mais prenez quelques instants pour envisager les choses d'un autre point de vue. Et s'il n'y avait plus ni questions ni problèmes, vous n'auriez donc plus besoin de réponses. Eh bien, c'est exactement ce que je vous propose d'expérimenter comme vision.

Arrêtez de chercher, et commencez à vivre. N'attendez plus vos référents, inventez les vôtres. Ne cherchez plus d'astuces ou de formules magiques, écoutez celles qui émanent naturellement de vous. Apprendre à révéler son pouvoir créateur, c'est surtout en devenir l'heureux détenteur. Je vous annonce donc que ça y est, vous avez tiré le gros lot. Et ce lot, c'est vous ! Il y a mille et une choses précieuses, rares et attractives à découvrir dans votre univers. On n'apprend pas à manifester son bonheur, on prend juste conscience, petit à petit, année après année, de celui qui nous habite déjà lorsqu'on sait l'activer. Et là, comme par miracle, d'un coup, tout s'éclaire. Vous devenez alors capable de satisfaire vos désirs puisque vous en êtes devenu le créateur. Je ne sais pas si vous serez sensible à cette subtilité mais pour moi, c'est celle qui fait toute la différence.

Renouer avec son pouvoir créateur

Première partie

Afin de revenir à votre pouvoir créateur, je vous invite dans un premier temps à lister toutes les expériences de votre vie dans lesquelles vous avez trouvé des solutions, créé de l'argent, attiré l'amour, etc. Lorsque la sensation de votre pouvoir et la certitude de vos capacités vous échappent, il est important de se remémorer que vous l'avez déjà fait. Et si cela a été possible une fois, cela sera possible mille fois. Écrire cette liste vous permettra de revenir petit à petit dans une énergie de confiance et d'accéder, comme par magie, à des idées qui vous aideront à sortir de vos problématiques.

Deuxième partie

Dans un deuxième temps, prenez soin de vous. Soyez réconfortant et plein d'amour envers vous-même car, lorsque nous nous sentons vulnérable, ce dont on a le plus besoin, c'est de tendresse. Alors, organisez-vous un moment câlin, réunissez les ingrédients qui vous font du bien, revenez à votre bulle, à votre détente et à votre apaisement. Après quelques heures, voire quelques jours passés à vous reconnecter à vous, à faire baisser le niveau de stress et faire remonter celui de la confiance, vous vous sentirez de nouveau capable de vous écrire la plus belle des destinées.

8

De la poudre pailletée aux yeux

« Il ne faut pas avoir peur du bonheur,
c'est juste un bon moment à passer. »

Romain Gary

Depuis notre plus jeune âge, nous vivons avec des projections. Enfant, on imaginait ce qu'on serait adulte, l'endroit où l'on vivrait, la personne qui serait à nos côtés, le genre de vie professionnelle qui nous satisferait. Bien avant de devenir « grand », nous nous sommes énormément entraînés à visualiser notre futur, car pendant l'enfance, nous sommes naturellement reliés à notre imagination. Paradoxalement, en ayant grandi, nous sommes encore pleins de projections idéalisées, mais manquons cruellement de capacité à les faire exister. Et malgré ça, nous continuons à rêver, rendant parfois notre vie présente fade et aucunement à la hauteur de nos attentes passées. Ce chapitre me semble très important à écrire à ce stade de notre voyage commun parce qu'il contient une nuance qui me semble fondamentale à vous transmettre.

Enfant, j'ai l'impression de ne jamais avoir rêvé du prince charmant qui vient me délivrer de ma prison en haut d'une tour. Je me voyais plutôt reine, libre, indépendante, riche et talentueuse. Une femme puissante et charismatique, recouverte d'amour et de succès. Mais je ne vais pas vous mentir, j'ai quand même toujours imaginé qu'il y aurait pour ça un homme à mes côtés. La majorité d'entre nous d'ailleurs n'imagine leur vie qu'auprès d'une autre personne, et je mesure qu'il m'a fallu plus d'une trentaine d'années pour saisir, grâce à mes expériences, que ce n'est pas toujours la recette du bonheur. Nous sommes structurellement influencés par la société dans laquelle nous évoluons, et par les autres, ces modèles qui nous entourent. Et la plupart d'entre eux nous vendent cette même recette : « Ils se marièrent, vécurent heureux et eurent beaucoup d'enfants. »

J'ai appris à m'aimer depuis bientôt dix ans et je vis auprès de moi une relation fluide et saine. Je m'accompagne dans mes aventures, m'offre une confiance absolue. Je me sens être à 100 % dans ma team ! Et ça, c'est un élément qui a fait naître en moi un épanouissement incomparable. Ne me sentant plus comme une mendiante de l'amour (clin d'œil à Enrico Macias), j'ai petit à petit appris à créer des couples qui me convenaient à chaque fois davantage. Mais il y a eu un petit bug dans le système que j'ai à cœur de vous partager afin que vous nourrissiez vos propres réflexions sur vos critères de choix. Pendant longtemps, je n'avais pas saisi une chose fondamentale, c'est que je continuais à sélectionner inconsciemment mes partenaires, sur des critères éloignés de ma nature. D'apparence non, en profondeur oui.

Comme nous l'évoquions dans les chapitres précédents, nous attirons les circonstances souffrantes de notre passé. Nous rejouons le connu pour inventer le possible. Nous bouclons des cercles d'héritages familiaux, de schémas inconscients, nous sommes finalement une suite logique de notre passé et de celui des gens qui nous ont précédés. Mais il n'y a pas que ça. Il y a le poids de nos fantasmes, des idées projetées qui nous ont fait rêver. Des paillettes et des démonstrations, qui font toujours beau sur le papier. Parfois, il faut se rendre à l'évidence, ce qui nous plaît n'est pas toujours ce qu'il nous faut, et ce qui nous attire parfois n'est pas ce dont nous avons fondamentalement besoin. Alors pourquoi ?

Nous rêvons de gagner le million d'euros alors que nous ne savons même pas pour quelles raisons. Nous nous inventons le coup de foudre avec les beaux bruns ténébreux ou la sublime blonde en escarpins, comme dans les films. Nous projetons le fantasme de diriger une grosse société, avec un bureau tout en haut d'une tour alors qu'on déteste ce genre de lieux froids et impersonnels. Tous ces exemples peuvent prêter à sourire, mais ils font partie des fantasmes communs que nous pouvons tous avoir. Et pourtant, pensez-vous que la réalisation de ces vœux vous rendra véritablement heureux ? Ce chapitre a pour but de vous aider à peaufiner vos pensées, à éclairer ce que vous voulez avec plus de discernement et de maturité. Je tiens également à vous faire ouvrir l'esprit sur ces attentes, car elles représentent souvent un moyen de retrouver du pouvoir à l'extérieur de soi-même. Que cela concerne la femme (ou l'homme) « avion de chasse » considéré(e) comme trophée, le poste haut placé, les fringues de luxe ou avec tout autre exemple de ce style, on reste dans une représentation superficielle des codes de « réussite » que nous transmet cette société.

Parce qu'il est possible que celui qui vous rende la plus heureuse du monde soit le petit mec blond aux cheveux frisés qui conduit une Clio. Parce qu'il vous fait rire, vous regarde comme une déesse, vous surprend, vous connaît et a envie de vous aimer. Je côtoie beaucoup de femmes, pourtant très intelligentes et profondes, qui projettent une image de la personne idéale à leurs côtés sur des critères d'apparence. C'est comme ça qu'on se retrouve avec des « personnes vitrines » qui, sur le papier, ont tout ce qu'on cherche, mais dans l'expérience de la relation ne nous apporte pas de vivre ce qui compte le plus. À savoir, un respect mutuel, une grande complicité liée à une compréhension de l'autre, une intimité magique, l'envie naturelle de se parler et de passer du temps ensemble, de faire l'amour et de s'aimer. Alors oui, on l'a peut-être trouvé, le « beau brun musclé », mais il nous fait plus chialer que jouir, et honnêtement au bout d'un moment, ça suffit !

Je pense aussi au cliché de ces personnes qui rêvent d'une magnifique voiture de sport et une fois qu'ils l'ont ne cessent de s'angoisser de l'abîmer, se mettent dans des colères noires dès qu'il y a un pépin. Honnêtement, c'est ça que vous appelez le bonheur ? Vous stresser toute la journée pour une montagne d'acier ? Perso, j'ai une autre vision de ce qu'est une vie apaisée. Et soyons clairs, cela ne veut pas dire que je vous déconseille d'acheter une Porsche si c'est votre rêve, mais plutôt d'avoir le discernement de vous avouer si, finalement, ce choix vous coûte plus cher qu'il ne vous apporte. Et ce dans tous les domaines. Comme le dit l'expression : le jeu en vaut-il la chandelle ? Parce que, sachez-le, certains désirs peuvent parfois cacher des blessures, des manquements et de profondes souffrances. Donc faites vos vœux, mais pas n'importe lesquels et apprenez à être attentif à ce qu'ils viennent nourrir en vous ou, au contraire, appauvrir.

Dans le développement de notre pouvoir d'attraction, nous nous devons de saisir collectivement une donnée fondamentale. Vos « vrais » désirs, envies et rêves, ceux que vous souhaitez attirer dans votre vie, doivent à la fois participer à votre bonheur mais également servir le monde. Lorsque vous souhaitez attirer des éléments « trophées », vous n'êtes pas à l'écoute de votre âme, mais de votre besoin de reconnaissance. Demandez à recevoir ce qui vous rendra follement heureux, qui participera à épanouir des choses essentielles en vous. Ne vous arrêtez pas à des listes de critères. La vie sait. Elle connaît parfaitement le chemin de ce qui vous convient vraiment. Et j'ai compris, grâce à mes expériences, qu'elle nous fait toujours emprunter le chemin de ce qui participera autant à notre bonheur individuel qu'à celui du collectif.

En résumé, partez de l'idée que la vie a prévu des plans parfaits pour vous, qu'un destin incroyable vous tend les bras, et que les personnes les plus exceptionnelles à connaître seront présentes sur votre chemin. Que vous servirez même les autres à travers vos intérêts. Le véritable épanouissement part de l'intime pour

“

Vos « vrais » désirs, envies et rêves, ceux que vous souhaitez attirer dans votre vie, doivent à la fois participer à votre bonheur mais également servir le monde.

”

toucher ensuite à l'universel. Votre âme sait, donc pas besoin de la sonder toutes les trois minutes, pas besoin de savoir où vous allez à chaque fois que vous prenez symboliquement (ou réellement) le volant. Pour commencer des choses, les arrêter, en expérimenter d'autres puis s'ajuster. Ayez toujours en poche l'allié qu'est votre discernement. Il vous aidera à mesurer rapidement si vous êtes en train de vous gagner ou de vous perdre. Et dans tous les cas, vous n'êtes pas en train de vous tromper lorsque vous décidez de réagir aux situations qui ne vous rendent pas heureux et de vous en extirper. Car c'est ça aussi, reprendre le pouvoir à créer sa vie.

Et en parlant de pouvoir, n'oubliez jamais que, derrière l'envie de certains artifices, se cache le besoin de reprendre de la puissance. Lorsqu'un être a longtemps déplu aux autres, en raison de son apparence physique par exemple, il vivra comme une revanche naturelle, ayant à un moment de sa vie plus de succès, de lumière sur lui ou d'argent, d'attirer des personnes auxquelles il a toujours voulu plaire. C'est comme ça que nous tombons dans les clichés des mecs blindés qui cherchent des femmes jeunes et sublimes d'apparence. Ils ne cherchent ni à vivre un espace relationnel harmonieux ni à partager des projets communs de vie, ils cherchent à posséder ce qui leur a toujours manqué, à savoir la confiance en eux et en leurs capacités à être choisi et aimé. Les situations diffèrent sur la forme, mais ont souvent un fond commun : vivre une vengeance face à nos injustices passées et, par la même occasion, réagir une énième fois à travers nos blessures. Et agir ainsi, aveuglément, par ego ou fragilité extrême, nous fait nous perdre. Absolument tous.

Ce que vous souhaitez soi-disant « le plus vivre » n'est pas forcément ce qui vous convient et ce qui vous attend, si vous êtes prêt à ne plus résister. Faites confiance, j'ai envie de vous dire, si vous devez le vivre parce que c'est ce que la vie, cette énergie divine qui circule en vous et autour de vous, a prévu pour vous, vous le vivrez. Et le cas échéant, d'autres perspectives, des horizons nouveaux et inattendus vous attendent. Ceux qui existent en dehors des sentiers battus de nos esprits sont souvent les plus beaux. Toutes les fois où, dans ma vie, je ne m'y attendais pas – ni à ressentir ça pour cette personne, ni à vivre ce moment, ni à prendre cette direction alors que le chemin semblait tout tracé –, toutes les fois où j'ai obéi à ce que me dictait mon instinct, j'ai vécu les plus grandes, les meilleures et les plus exaltantes décisions et situations de ma vie. Mon destin, je l'ai rarement reconnu dans l'instant, mais paradoxalement, je l'ai toujours suivi.

Le bain de sentiments

Troquons nos listes de critères contre la rencontre avec nos plus beaux sentiments. Je vous invite à pratiquer cette visualisation afin de vous connecter aux ressentis de votre corps lorsque vous pensez à la plénitude d'une vie exaltante, aux moments vécus auprès des êtres que vous aimez et avec lesquels vous vous sentez libre et en sécurité, à un quotidien de vie dans lequel vous riez, partagez, profitez de l'instant. Pensez à absolument tout ce que vous souhaiteriez ressentir dans votre peau. Prenez quelques instants pour fermer les yeux et imaginer ce que cela vous fait éprouver, puis mémorisez les souvenirs tactiles pour les ancrer.

Lorsque, *a contrario*, vous êtes submergé par des sensations, sentiments et émotions inconfortables, imaginez qu'elles ressortent pour mieux s'évacuer, comme des eaux usées. Laissez faire, lâchez tout et ayez confiance, dans quelques heures ou quelques jours, le drainage aura laissé place à une nouvelle lumière intérieure, encore plus puissante et sereine.

9

Pécho ton destin !

« Pour l'homme, le destin est comme le vent pour le voilier. Celui qui est à la barre ne peut décider d'où souffle le vent, ni avec quelle force, mais il peut orienter sa propre voile. Et cela fait parfois une sacrée différence. Le même vent qui fera périr un marin inexpérimenté, ou imprudent, ou mal inspiré, ramènera un autre à bon port. »

Amin Maalouf

Comme vous l'aurez sûrement compris, je n'ai pas longtemps cru à une loi de l'attraction qui serait totalement extérieure à moi. Cette légende qui raconte que tous les grands humains de ce monde en avaient capté l'essence ne fait qu'entretenir le mythe et intensifier les projections qu'on pourrait avoir autour de cet enseignement. Il existe tant de courants spirituels qui vous proposent de vous y amener, de substances psychotropes qui prétendent vous y ouvrir, tant de cours, de livres et de transmissions, qui vous font la contacter. Cette fameuse loi de l'attraction a toujours beaucoup fait vendre, mais à mes yeux, elle n'existe pas telle que nous l'avons conceptualisée. Ce que j'ai par contre découvert, c'est le terreau alchimique dans lequel nous avons pris racine. Peu importe nos étapes de vie, miraculeuses ou désespérantes, elles sont pour moi l'espace même où nous entrons en contact avec cette matière divine, et ce jeu de cartes qui sera le nôtre. Est-ce que n'importe qui est capable d'attirer son épanouissement ? Oui, je le pense profondément ! Encore faut-il que chacun réalise qu'il en est le détenteur.

C'est comme si, toute votre vie, vous aviez cherché vos pouvoirs magiques à l'extérieur : dans vos diplômes, vos trophées, vos réussites. C'est comme si on passait une vie à ne faire que prouver, à soi-même et aux autres, qu'on en était capable. À rêver d'un CV sublime, de rencontres amoureuses parfaites, d'une vie de famille idéale. Avons-nous tort de le faire ou même d'en rêver ? Seulement si cela nous fait souffrir. Car cela doit devenir votre seul curseur pour savoir si dans cette projection ou cette réalité, vous vous sentez heureux et à votre place. Cela m'apporte-t-il plus que cela ne m'enlève ? Posez-vous cette question dès que vous en ressentez le besoin, soyez à l'écoute et sincère dans vos réponses.

Les personnes les plus puissantes que j'ai croisées n'ont jamais été des personnes célèbres avec d'immenses carrières, ou des grands noms du monde spirituel et du développement personnel, cela a toujours été des gens que je sentais rayonner, exister et adorer chaque microseconde de leur vie, en ne demandant pas plus mais en ne refusant pas moins. Des gens que j'ai senti appartenir à l'univers qu'ils ont créé, et dans lequel aucune loi n'est recherchée pour avoir plus ou mieux. Les gens puissants sont ceux qui ressentent avoir tout. Tout le bonheur du monde en eux, à vivre la vie qu'ils ont construite avec amour, et à se créer, à partir de leur regard toujours, l'émerveillement de chaque instant. Le miracle n'est pas une attente, c'est un état d'esprit !

J'imagine ce que vous pouvez parfois ressentir : la lassitude d'un quotidien qui ne vous exalte pas, des difficultés financières, des doutes permanents, un stress parfois étouffant. Et justement, chers lecteurs, il est temps de saisir que ces « bouffées d'angoisse » ne sont là que dans le but de vous remettre en vie, et de vous ramener à l'intérieur de vous, afin de vous faire enfiler, incarner et épouser cette incroyable peau dans laquelle vous devez apprendre à vous sentir bien. Vous sentir à la maison. Car il n'y a rien de plus séduisant qu'un être qui s'habite. Rien de plus magnétique qu'une personne intègre, qui colle en tout point à son monde, qui suit ce qu'elle est. Vous deviendrez attrayant à l'instant même où vous cesserez d'écouter « la loi », lorsque vous inventerez vos règles. Ce qui compte pour se sentir heureux, ce n'est pas de mettre en place des choses que vous ignorez, mais plutôt de découvrir à travers quels espaces vous vous reconnaissez déjà. Et là où je me frotte pour m'enflammer ne sera jamais l'endroit où vous-même vous contacterez votre incandescence. Mais par contre, la moindre des choses que je puisse faire avec ce livre, c'est de vous mettre au contact de cet élan, et vous donner la furieuse envie de partir à l'aventure de ce qui vous procure l'amour, le frisson et la vie.

Ce matin, je me réveille à Paris. Voilà des semaines que je n'étais pas rentrée ici, sur les pavés de cette métropole qui m'a vu grandir et m'épanouir. Je partage en effet mon quotidien entre le sud de la France et la capitale. Et comme je n'arrivais pas à choisir entre les deux, je ne l'ai pas fait. J'ai choisi de trouver l'équilibre entre les deux vies, d'apparence contradictoires mais d'expérience complémentaires. Cependant, parfois, je sens que mon énergie a du mal à transiter. Pour mon esprit, il n'y a aucun souci d'adaptation, c'est pour le corps que le temps d'ajustement est nécessaire. Et mon rôle consiste à accueillir ma sensibilité et certaines émotions liées à ces mouvements réguliers et aux formes de décalages d'espace-temps qu'ils entraînent.

Je me suis donc réveillée dans un état de lourdeur émotionnelle. Et j'ai pleuré. J'ai annulé mon premier rendez-vous de la matinée et j'ai purgé le « trop ». J'ai pris une douche, câliné ma chatte (je parle bien de mon animal de compagnie !), dégainé mon mascara, une jolie tenue et suis sortie boire un café en terrasse dans ma brasserie préférée. J'ai observé mes pensées, les ai contredites, écrit à mes amis pour remonter l'énergie et me suis emparé de mon manuscrit. Lorsque je suis connectée à ma création, exactement comme nous l'avons évoqué tout au long de l'ouvrage, je suis connectée à mon pouvoir. Je reviens instantanément à l'intérieur de moi et au contact de ma souveraineté. Et là, tout se met à circuler. Mon humeur d'abord qui se fluidifie, mon corps qui reprend le mouvement, mon cœur qui se réanime petit à petit, pour refaire de la place à un sentiment de joie simple, à être présente dans l'instant.

Ce que j'ai appris avec les années, et ce qui compte pour moi d'incarner et de vous partager, c'est cette maîtrise. Non pas de l'attraction permanente de tout ce qui vous passe par la tête, non plus de l'acceptation passive de ne pas obtenir ce que vous voulez, je vous parle d'une posture intermédiaire. Celle de vous rendre capable de reprendre votre pouvoir dans les espaces subtils et souvent inconscients, dans lesquels il s'échappe. Et lorsque vous vivez des journées de merde, qu'on se le dise, votre pouvoir vous a quelque part échappé. Devenez des investigateurs de vous-même, soyez sincère face à ce que vous ressentez vraiment. Ne vous laissez plus tomber. Car en accablant les autres, c'est ce que vous faites. Vous leur donnez le droit de vous atteindre, de diminuer votre moral, d'impacter votre énergie, votre foi. Vous les autorisez à vous faire du mal, à avoir une incidence sur vos rêves, vos valeurs et vos désirs profonds. Nous l'avons déjà évoqué à plusieurs reprises dans cet ouvrage, mais cet enseignement peut demander à être répété pour être ensuite mieux intégré.

> « Lorsque vous vivez des journées de merde, qu'on se le dise, votre pouvoir vous a quelque part échappé. »

Souvent, nous désirons attirer des éléments dans nos vies sans savoir pourquoi. Quand je vous dis qu'il nous manque le « pourquoi », ce n'est pas tout à fait vrai parce que souvent, c'est « parce qu'il le faut » : avoir des enfants, un job stable et confortable, de l'argent pour le plaisir, une vie de couple sécurisante. En général, ce sont les prismes avec lesquels nous avons grandi. Mais imaginez deux secondes si vous aviez été l'enfant d'une rock star et que vous aviez grandi en suivant votre mère dans des tournées, des salles de concerts immenses, avec de l'argent en abondance et le succès de ses fans partout dans le monde. Je vous l'accorde, ce n'est pas la norme, mais si vous aviez baigné dedans, ce serait tout de même la vôtre. Nous suivons les modèles, d'abord celui de nos parents et de l'environnement de notre éducation, et puis s'ajoutent à cela les normes sociales. On a finalement des désirs en nous qui nous ont été transmis et avec lesquels nous ne sommes pas toujours compatibles.

Je ne dis pas que votre souhait de trouver un CDI, acheter une maison, construire une famille, ne vous correspond pas. Mais ce qui compte, lorsque vous n'arrivez pas à l'obtenir, et pourtant le désirez ardemment, c'est de vous poser la question de ce que ça représente vraiment pour vous. Et si cela compte autant pour contribuer à votre épanouissement, pourquoi le manque de cette réalité vous fait-il à ce point-là souffrir ? Pourquoi ressentez-vous autant de lutte face à une perspective de bonheur ? Souvent, le manque de confiance en soi ressort à ce moment-là. Nous ne nous faisons pas assez confiance pour savoir qu'on va réussir à se créer ce qui compte et que nous n'avons qu'à continuer de nous laisser guider, à profiter de la vie, à œuvrer dans les espaces qui existent déjà. Pourquoi le manque d'une chose qui est censée vous rendre heureux vous rend-il aussi malheureux ? Je me permets de répéter la question parce qu'elle est fondamentale.

Lorsque nos désirs tardent à se réaliser, l'idée que « je n'y arriverai jamais » finit par infiltrer notre esprit. Et lorsque ce discours apparaît, c'est celui-là même qui heurte et fait souffrir. Ce qui est difficile lorsqu'on y croit et que cela ne se passe pas comme prévu, c'est de réussir à ne pas condamner le futur et de céder à l'idée dévastatrice que c'est finalement impossible. Car rien, ni personne, n'a le pouvoir de vous enlever votre envie de vivre, de vous réveiller chaque jour et de parcourir avec enthousiasme cette vie. Ça, c'est la toile de fond de notre existence et elle doit être vécue ainsi, si elle veut être bien vécue justement. Sur ce socle, à nous de bâtir, de créer et de rêver. À nous d'ajuster, de nous questionner et

> « *Pourquoi le manque d'une chose qui est censée vous rendre heureux vous rend-il aussi malheureux ?* »

d'évoluer. À nous de ne pas être capricieux ni ingrat. À nous de ne jamais nous laisser désespérer, être désemparé. Sans foi, ni lois intérieures solides. Vous devez être capable de déconstruire ces attentes pour mieux les comprendre. D'imaginer vivre sans elle, pour ne pas être dépendant de leur arrivée dans vos vies. Vous rendre heureux, tout de suite et maintenant. D'en faire une priorité et recommencer chaque jour.

La majorité de ce que nous voulons ne nous appartient pas. Alors, si vous rencontrez des difficultés, comme j'en rencontre parfois, à l'obtenir, j'ai un conseil qui a marqué une franche différence dans ma vie. J'ai questionné la profondeur de cette envie, la raison de sa présence, et surtout j'ai cherché une compréhension à mon obsession à l'obtenir. J'en ai assez vite conclu que, lorsque je reste bloquée sur « le manque », je ne suis pas juste avec moi-même, ni avec la vie qui coule dans mes veines. Lorsque j'adopte cette posture de victime, à pleurer sur mon sort, je redeviens cette petite fille qui subit et n'a pas connaissance de son pouvoir personnel pour se raconter autre chose que son désarroi. Car lorsque je choisis de croire en ma chance, à me sentir gâtée d'être qui je suis, et à poursuivre mes rêves en les appelant « projets », j'invite le destin dans sa plus belle forme. Votre destinée fonctionne un peu

“

Lorsque je
choisis de croire en
ma chance, à me sentir
gâtée d'être qui je suis, et
à poursuivre mes rêves
en les appelant « projets »,
j'invite le destin dans sa
plus belle forme.

”

comme un proche qui aurait besoin de sentir que vous croyez en lui pour donner le meilleur.

J'écris une lettre d'amour à la version de mon moi futur

Il m'est souvent arrivé, au cours de cette vie, d'utiliser le support épistolaire pour m'adresser à mes proches, à des inconnus et à des parts de moi. Écrire, par exemple, une lettre de gratitude à mes amis pour leur anniversaire en me questionnant sur « Qu'est-ce que ma vie n'aurait pas été sans notre rencontre ? » est devenu une habitude. Cette fois-ci, je vous invite à vous munir de votre plus beau papier et à inscrire sur une page blanche les mots de remerciements que vous souhaiteriez adresser à la future version de vous qui a réussi à se créer la destinée la plus épanouissante et exaltante possible.

Exemple :

« Chère future version de moi,

Par cette présente lettre, je tiens à t'adresser toute ma gratitude pour ce que tu as su nous faire vivre tout au long de cette existence… »

10

Le manque est un « tue-l'attraction »

« Nos angoisses, notre peur nous font parfois retrouver ce corps de nouveau-né à la merci de la faim, de la soif, du froid, de l'attente, de la douleur et de l'inconnu. Les sensations éprouvées pendant nos premières semaines de vie sont là, intactes, et il suffit d'un vague à l'âme plus fort qu'un autre pour qu'il revienne nous hanter. »

Anne Dufourmantelle

Chers lecteurs, nous approchons petit à petit de la fin de cet ouvrage. Nous sommes mi-septembre, il fait encore chaud dans le sud de la France et je profite d'un dimanche après-midi sur ma terrasse pour entamer ce chapitre. En cet instant, je ne manque de rien, mais soyons honnêtes, c'est un concept assez nouveau pour moi. J'ai suivi, comme la plupart des individus, la quête aveugle de chercher à remplir la jauge de ce qui me manquait. J'ai procédé, depuis mon départ du foyer maternel, à une extirpation, lente et précise, de mes zones de manque. J'ai commencé par gagner de l'argent parce que j'en avais toujours manqué. J'ai trouvé l'amour auprès d'hommes, parfois quelques semaines et parfois des années, car cela manquait à ma vie. J'ai trouvé le succès de mes projets professionnels pour ne pas manquer de reconnaissance ni de cadre. J'ai absolument tout attiré dans ma vie parce que j'avais la sensation insidieuse que cela me manquait. Puis dans mes relations affectives, j'ai même glorifié ce sentiment, avec lequel pourtant, aujourd'hui, je souhaite amorcer une rupture.

Il est temps de ne plus acquérir dans mon existence parce que je manque, mais de créer parce que je le désire, parce que la vie qui circule en moi le réclame de toutes ses cellules. Je ne veux plus ressentir le manque d'un homme, d'un enfant, d'une vie de couple, de l'abondance financière, de tendresse, d'attention, de sexualité, de vie. Je ne veux plus attendre l'immense succès de ma carrière, sortir le samedi soir en imaginant trouver l'amour, mener n'importe quoi ou dans n'importe quel domaine parce que j'en attends des résultats. Vous me demanderez sûrement : « Est-ce vraiment possible de ne plus avoir d'attentes ? Est-ce raisonnable d'imaginer quitter la sensation de manque ? N'est-elle pas la raison qui nous pousse à avancer, évoluer, réaliser notre chance ou vouloir la conquérir ? » À cette dernière question, je répondrai que je ne crois pas. Du moins, je ne le crois plus.

Je me suis longtemps fait croire que je vivais ma vie sans attente, me laissant totalement porter par les opportunités de ma vie. C'est en partie vrai, dans certains domaines, mais pas partout. Dans les relations affectives, j'ai intégré une salle d'attente sans même m'en rendre compte. Et même si apprendre à aimer la femme en moi a complètement changé le rapport que j'entretenais à mon existence, cela n'a pas calmé mon envie impatiente et obsessionnelle de rencontrer le grand amour. C'est con comme expression quand on y pense, ça veut pas dire grand-chose, cette histoire de « grand amour ». Parce que dans mon présent, actuellement, j'ai beaucoup de « grands amours ». Je n'en manque pas, ni de présence, ni d'affection, ni d'engagement avec mes proches. Et même si je n'ai pas croisé la route de cet inconnu que j'ai longtemps idéalisé, même si je n'ai pas construit la famille que j'imaginais, je ne manque de rien. Intellectuellement, je l'ai toujours compris, mais mon corps, lui, m'a fait réaliser que ce manque n'était pas du tout comblé.

Je comprends en ce début d'automne qu'il est temps de laisser enfin tomber ce sentiment d'incomplétude. Et à l'image des arbres qui commencent à laisser rougir leurs feuilles pour petit à petit s'en délester, je me sens prête à me séparer sans crainte de cette impression d'inachevé. On se dit souvent que l'on pourrait avoir plus, avoir mieux. Personnellement, j'ai la vie dont je rêve, et dans laquelle rien n'est forcé. Il est tellement plus précieux de vivre des journées apaisées, où l'on a la sensation de ne manquer de rien et où l'envie naturelle est celle de donner. Je réfléchissais il y a quelques jours au fait que, lorsque nous avons la sensation de manquer, de temps, d'argent, d'amour, de liberté, ou d'autres choses, nous en devenons incapables de donner. Cela veut donc dire que le fait de ressentir le manque nous diminue, créant du repli sur soi et une fermeture du cœur. Soyons honnêtes, le manque nous rend décevants, avares, égocentriques. Il altère ce qu'il y a de plus beau en chacun de nous, à savoir sa capacité à donner de son temps, de son être, de sa bienveillance, de son amour. Et lorsque vous n'êtes plus capable de donner, croyez-moi, vous devenez incapable de vous rendre heureux.

Pensez à toutes ces fois où vous vous êtes dit : « J'ai trop souffert », « On m'a trop pris », « J'ai trop donné. » Toutes ces fois-là, vous avez donné raison à vos souffrances et même renforcé leur présence. Toutes ces fois où vous avez capitulé et vous êtes réduit à l'état de victime, vous êtes devenu un aimant à mauvaises attractions. Parce que j'ai un conseil pour vous : ne laissez rien ni personne altérer votre envie de donner à votre prochain, aux connus comme aux inconnus. N'autorisez rien ni personne, et surtout pas vous-même, à fermer votre cœur. Sous aucun prétexte, vous ne devez cesser dans votre vie d'offrir ce que vous êtes, d'être généreux à tous les niveaux, et bien

“

Ne laissez rien ni personne altérer votre envie de donner à votre prochain, aux connus comme aux inconnus.

”

évidemment, autant avec vous qu'avec les autres. Parce que parfois, quand les gens sont déçus, cela renforce leur violence. Ils deviennent encore plus durs, abrupts et sans pitié avec les autres. Ne laissez pas votre souffrance aux commandes et vos blessures continuer de contrôler votre vie. Le pouvoir magique de la responsabilité vous fait reprendre vos leviers d'interprétation et décider de regarder les événements autrement et plus seulement à travers un filtre douloureux. Votre bonté, lorsque vous savez lui (re)faire une vraie place, vous remet au cœur de votre capacité à créer et à attirer le meilleur.

J'ai énormément donné dans mes relations humaines, et je n'ai absolument jamais regretté parce qu'au fond, je l'ai fait pour moi. Surprendre, être attentionnée, aimante, tendre, à l'écoute ; donner de mon temps, de mon argent, de mon être, de mon énergie… à chaque fois, je l'ai voulu. Et cela m'a toujours permis d'incarner la femme que j'avais envie d'être, aux côtés des autres. Je donne dans l'instant, à la hauteur des sentiments éprouvés et de l'élan qui me traverse. Et même si, parfois, j'aurais pu me raconter que je n'avais pas autant reçu, je ne me suis jamais autorisée à en faire une croyance. Le manque ne triomphera jamais en moi car j'apprends avec les années à sentir que *chaque jour compte* ! Que je peux désirer, avoir des envies, des rêves, mais j'ai la responsabilité de ne pas les laisser inscrire en moi une sensation désagréable.

Car oui, nous pouvons être heureux avec ce que nous avons, nous pouvons savourer chaque instant sans se raconter qu'il manque un détail, nous pouvons apprécier, remercier, profiter de ceux qui nous entourent. Parce qu'au fond, ce que nous souhaitons le plus attirer n'est pas matériel ni humain. Ce que nous souhaitons par-dessus tout vivre, c'est la sensation de sérénité, d'amour, de bien-être et d'épanouissement. Nous désirons vivre sans retenue, pleurer pour ce qui compte, déborder de joie pour ce qui nous est offert et ressentir que tout est là. Que la vie pourrait s'arrêter en cet instant précis, sans nous laisser un goût amer et en nous ayant offert de vivre l'essentiel. Sommes-nous parfois capricieux ? Mal éduqués ? Ou juste ignorants de l'expérience humaine aux allures de voyage spirituel ? Sûrement un peu de tout ça. Nous sommes surtout aveugles à ce qui se doit d'être regardé et obsédés par ce qui n'a pas d'apparence tangible et n'est que pure projection. Et si ces perspectives vous devenaient joyeuses plutôt que pesantes ? Car il me semble que c'est bien ça, la clef. Imaginez quelques instants être persuadé que ces événements surviendront dans votre vie s'ils sont justes pour vous ? À ce moment-là, vous ne ressentirez pas le manque, et si c'est de l'attente, elle ne sera qu'enthousiaste.

Voilà le plan que j'ai élaboré avec moi-même et qui n'a jamais été aussi intégré qu'à l'aube de cet automne 2023. Plus question de me laisser envahir trop longtemps par le manque, lorsqu'il me traverse. Je sais de source sûre qu'on peut faire évoluer nos pensées automatiques, nos réflexes d'interprétation de nous-mêmes et du monde extérieur. Je vais traquer les pensées de manque encore assez de temps pour les dissoudre et ne plus m'y référer. Un peu comme j'ai procédé pour apprendre à m'aimer, en dissolvant les jugements et les pensées négatives que j'avais sur moi-même. Il est aujourd'hui rare, après une dizaine d'années d'entraînement, de me laisser croire à des pensées pourries que j'aurais à mon propos. Je décide d'en faire de même pour le manque. Tout ce qui doit survenir dans mon existence surviendra, je suis simplement persuadée que le meilleur est là et continuera de m'accompagner à chaque instant. Le meilleur pour moi. Je peux préméditer le grandiose, l'enthousiasmant et l'épanouissant, mais je ne souhaite pas connaître les circonstances dans lesquelles ils surviendront. Je prends donc chaque jour comme une opportunité de profiter de la vie, à travers des choses simples et pourtant essentielles.

Et si la vie m'a appris quelque chose ces dernières années, c'est bien qu'elle n'attend pas. Ou alors, elle n'attend que nous, d'être là, au bon endroit. De quitter ce mode obsessionnel et l'attente de cocher des cases, dans lesquelles nous nous persuadons que nous serons au bon endroit. Cependant, regardez vos expériences passées, n'étiez-vous pas déjà au bon endroit pour apprendre, pour comprendre des choses de vous et vous ajuster à ce que vous êtes vraiment ? Tous nos apprentissages ont deux choix de lecture : soit on se persuade de l'erreur, de l'errance et du non-sens, soit on saisit, avec sincérité et courage, que toute expérience est nécessaire pour changer de cap et réemprunter le bon.

Nous pouvons maîtriser notre manière d'avoir envie. On peut choisir de ne pas subir, en habitant ce que l'on est, la vie que nous menons et l'enthousiasme à la vivre. Je vous disais plus haut « Faites que chaque jour compte » – c'est une réplique de Jack dans le film *Titanic*. Ce jeune homme audacieux et fougueux, dont on ne peut que tomber sous le charme, a absolument tout compris à la grandeur et à la magie de la vie. J'ai détesté ce film, mais j'ai adoré ce personnage dont l'absolue confiance en son destin lui fait obtenir le meilleur de ce qu'il désire. Il est joueur, habile, intelligent et charismatique, et à lui seul un exemple des pouvoirs de l'attraction. Il est une illustration parfaite de ce qu'implique donner sans chercher à recevoir, et obtenir plus incroyable encore.

Autocoaching

Lorsque je m'éloigne de mon pouvoir créateur et donc de mon bien-être, je me répète en boucle des phrases comme si je les adressais à une amie, une cliente ou simplement une personne à qui je souhaite réinsuffler de l'énergie positive. Je vous en partage donc certaines que j'ai pu écrire et utiliser dans les moments où j'ai l'impression de m'éloigner de mes capacités à me rendre heureuse. L'idée est d'inventer les vôtres en y mettant les mots qui auront de l'impact sur votre état global.

Exemples :

- « Tu es incroyable et précieuse pour ce monde. »
- « Ton talent est sans limite. »
- « Tu es une plus-value pour cette humanité. »

- « C'est dans la certitude de ton pouvoir que tu le retrouveras. »
- « C'est dans la certitude de ta valeur que tu te reconnecteras à la prospérité financière. »
- « C'est dans l'évidence de ta dimension d'amour que tu l'attireras. »

« Le temps est bon, le ciel est bleu. Nous n'avons rien à faire, rien que d'être heureux[1]... »

« J'aime ceux qui ne savent pas pourquoi ils aiment car c'est qu'alors ils aiment vraiment. »

André Gide

1. Chanson de Bon Entendeur et Isabelle Pierre.

Tout au long de l'écriture de cet ouvrage, j'ai vécu un accouchement intense. Ce fut à la fois bouleversant et initiatique, et je ressens que, grâce à cette écriture, je me suis éveillée à mon vrai pouvoir créateur. Car j'ai longtemps confondu ma capacité à attirer dans la confiance plutôt qu'à travers le contrôle. Dans cette vie, j'ai fait mille et un plans sur la comète, j'ai réussi à vivre ce que je voulais dans la plupart des domaines sans que ce soit totalement satisfaisant, sans que mon bonheur ne soit absolu. J'avais, avant l'écriture de ce livre, un sentiment de vide. Un truc profond désagréable, une espèce de crainte viscérale, indéfinissable et qui ressurgit dans mes moments de fragilité et d'incertitude. Partager ces mots avec vous, les déposer sur le papier pour les « encrer », m'a permis d'intégrer des compréhensions profondes et aujourd'hui devenues structurelles.

Ces derniers mois, l'existence, la vie en moi, a tout fait pour me faire m'abandonner totalement à elle et dans une confiance absolue. Je me sens au tournant de ma vie, j'ai refermé tant de chapitres déjà, je me suis tellement inventée et réinventée. Je veux aujourd'hui rencontrer la femme qui m'attend, et je crois que nous faisons même déjà, en cet instant, connaissance. Je me savais déterminée, puissante, et convaincante, je me découvre fragile, tremblante, hésitante, et pour la première fois de ma vie, je n'en ai plus peur. Par contre, qu'est-ce que je frissonne ! Je ne sais pas ce qui m'attend, mais je ressens que cela sera grandiose. Il est temps de refermer les tomes du passé, et de laisser les nouvelles pages blanches s'écrire.

Ces dernières semaines, je me suis désintoxiquée d'un truc lourd : mes attentes. Celles qui font souffrir parce qu'elles nous empêchent d'être heureux sans elles. On pleure les choses qu'on voudrait vivre, on pleure nos décisions qu'on pense mauvaises, on pleure de passer à côté de nos vies, et en restant bloqué dans ces cercles vicieux, nous laissons le train de nos existences filer sans nous. Nous restons sur le quai, à subir l'impatience, plutôt qu'à tenter la marche à pied ou tout autre moyen d'avancer, différemment, mais dans une direction qui nous remettra en mouvement, donc en vie.

Stagner sur les lieux de nos déceptions, c'est comme attendre sur la tombe d'un défunt qu'il revienne. Pardonnez-moi la comparaison, mais cela me semble vain. Votre vie ne s'est pas arrêtée dans les moments où vous n'avez pas vécu ce que vous souhaitiez vivre, malgré ce que vous ressentez et malgré ce que vous vous racontez. Ce n'est pas terminé, tout est à faire, à écrire et à inventer. Tout est à créer, alors reprenez le pouvoir dès à présent et rendez-vous heureux. Ça peut paraître simple dit comme ça, mais je vous assure que c'est le seul espace sur lequel vous ayez une maîtrise. Décidez d'être une pierre à un édifice vertueux, comprenez l'importance de votre épanouissement, pour vous et pour les autres. Soyez tolérant avec vos parts sensibles, différentes, paradoxales, surprenantes, prenez-vous entier et guidez-vous vers le meilleur. Faites le choix du bien, de la générosité et de l'altruisme. Faites simplement le choix de l'amour.

Avoir envie, c'est bien, c'est même immensément porteur, et je vous invite à continuer à ressentir des désirs, dans la vie que vous menez, mais ne vous laissez jamais happer par l'idée destructrice qu'il vous manque quoi que ce soit pour vous sentir bien. Quand j'y réfléchis, mes plus beaux projets de vie n'ont jamais été prémédités. Je me suis juste réveillée un matin avec

“

Stagner sur les lieux
de nos déceptions,
c'est comme
attendre sur la
tombe d'un défunt
qu'il revienne.

”

des idées, des élans, un plan concret pour les mettre en œuvre. Et je les ai suivis, avec toujours beaucoup d'obéissance. Je n'ai jamais su que je dirigerais une radio, que j'écrirais des livres ou que je deviendrais cheffe d'entreprise et coach auprès d'êtres humains qui me bouleversent. Par contre, j'ai toujours su avec certitude que j'aurais une vie exaltante. Car c'est la promesse que j'ai faite à l'enfant que j'étais et que je renouvelle chaque jour, particulièrement dans les passades de vie moins évidentes. Je me suis engagée à vivre ce qui comptait pour moi, sans savoir que ce serment allait surtout consister à ne pas laisser s'installer dans ma vie les choses qui ne me convenaient pas.

Je discutais avec mon grand frère Yohan au téléphone hier, et il me confiait avoir eu une conversation avec notre mère, à propos de l'éducation qu'elle nous a donnée. Elle le questionnait sur le fait d'avoir été une mère autoritaire, et il lui a répondu qu'il était impossible de formuler une réponse qui parlerait de nos deux expériences. Il m'a rappelé à quel point, depuis le plus jeune âge, j'avais été une petite fille sensible et vulnérable, qui ose dire haut et fort sa vérité et poser des mots sur ce qu'elle ressent. Depuis l'enfance, j'exprime ce que je suis avec une authenticité qui déconcerte mes proches en même temps qu'elle les émerveille. Ce n'est pas confortable pour certaines personnes qui se cachent derrière des masques, d'être face à quelqu'un qui n'a pas peur de se montrer, d'enlever le voile, d'être nue, puissante et fragile à la fois ! Dans l'espace relationnel, cela peut même être un choc, car j'encourage les personnes que je croise à me montrer qui elles sont vraiment, sans filtre ni artifice.

Avec du recul, je pense qu'une de mes plus grandes forces est de ne pas savoir faire semblant. On pourrait imaginer que c'est une aptitude utile que celle de mentir sur ce qu'on ressent, de répondre « Ça va » aux gens qu'on croise et qui nous questionnent, alors qu'au fond de nous-mêmes, on sent bien que cette réponse ne nous honore pas. Mais par contre, elle vous donne l'impression d'être protégé, de conserver intacts vos états d'âme et de ne pas les montrer au monde, pour vous rassurer d'en garder le contrôle. Sauf qu'il est primordial, pour remettre en circulation ce qui nous bloque, de le nommer, de l'entendre s'exprimer de notre bouche. Lorsque vous répondez « Ça va » aux gens alors que ça ne va pas, ce n'est pas à eux que vous dissimulez la vérité, c'est à vous. Et sachez-le, cela vous abîme. Parce que lorsqu'on se sent moins bien, on a besoin d'amour, de réconfort, de bienveillance. On a besoin que les autres sachent la vérité pour mieux nous comprendre et agir avec nous dans l'instant. Poser des mots sur mes ressentis m'a toujours permis de les faire circuler et empêcher qu'ils finissent par s'ancrer dans des états permanents. Cela m'a toujours permis de solidifier mes relations avec les autres parce qu'en leur disant ma vérité, ils peuvent plus aisément me comprendre. En résumé, l'autorisation à exprimer ce qu'on ressent, nos limites, ce qu'on est, a été pour moi un chemin totalement libérateur. Je dirais même LE chemin d'amour.

Vous avez peut-être acheté ce livre en quête de l'ultime solution à la satisfaction de vos désirs, dans l'attente de la recette miracle à appliquer pour attirer et créer tout ce que vous souhaitez. Je vous ai servi une tout autre tambouille et j'espère que malgré l'effet de surprise, cela a pu éveiller votre palais à l'envie d'autres saveurs. Notamment ce goût irrésistible à reprendre notre pouvoir, dès à présent, en remettant en vie ce qui semblait éteint. Votre cœur a probablement déjà souffert, votre foi a souvent été ébranlée par des circonstances extérieures, vous avez perdu votre espoir en ayant l'impression de vous être poussé à y croire pour rien. Écoutez-moi bien, vous n'avez rien perdu de tout cela ! Vous êtes encore capable d'aimer, de faire des projets épanouissants, d'être en bonne santé physique et mentale, de profiter de la vie qui vous reste et de vous sentir bien. Tout simplement. Vous y avez droit, comme n'importe quel individu sur Terre, et faites-vous la promesse de vous l'attirer, mieux encore, de vous le créer.

Ce qui vous manque, ce n'est pas une rencontre, de l'argent, un miracle. Ce qui vous manque, c'est un élan, qui vous fasse sauter plus loin que vous ne l'avez jamais fait, qui donne tort à vos vérités et raison à vos rêves. Un élan magique, puissant, vibrant, exaltant. Et savez-vous comment il se nomme dans mon esprit, ce carburant absolu qui m'empêche de baisser trop longtemps la tête en direction de mon impuissance ? Il s'appelle l'amour. L'amour nous réanime de l'intérieur, il redonne vie aux parties échouées de nous-mêmes, il nous reconstitue, rassemble nos morceaux éparpillés. Il donne du sens, de la profondeur, et une raison d'être à chaque chose. Si on aime, il n'y a rien d'autre à chercher, on a déjà tout. Et je pense que nos vies, sous couvert d'obligations et de cases à remplir, nous ont parfois éloignés de l'amour. De ce sentiment si pur et si complet. Nous nous sommes d'abord éloignés de nous-mêmes le plus souvent, en empruntant des chemins qui ne nous rendaient pas heureux. Puis après ça, cela nous a éloignés des autres, à force d'incompréhensions et de faux-semblants de notre part, tout a volé en éclats. Et face à nos crises de vie, souvent, nous n'avons pas osé emprunter la tangente, changer de cap, oser une autre direction que celle de nos devoirs. Nous avons oublié nos droits à vivre.

Ce livre est une invitation à les reprendre. Parce qu'au fond, ce que nous voulons le plus vivre sur Terre, c'est ce sentiment d'amour : pour nos projets, nos familles, nos relations et notre quotidien. Et vous obtiendrez de vivre ce qu'il y a de plus beau pour vous lorsque vous ne forcerez plus son arrivée, mais vous sentirez en totale confiance de son attraction. Eh oui, pour manifester dans sa vie la rencontre avec des opportunités, il faut allumer la lampe intérieure, il faut qu'on vous voie ! Vous, cette personne complexe et passionnante, cet être puissant et sensible, vous qui êtes composé de mille et une facettes, qui, si vous acceptez la mission courageuse de les assumer, vous rendront incroyablement magnétique. Alors parlez, criez, chantez, dansez, exprimez-vous, dites ce que vous ressentez ! Ne soyez jamais désobligeant mais soyez vrai ! Découvrez que tout est question de mesure, et soyez plus subtil dans vos manières de vous regarder, d'agir et d'exister. Habillez-vous de la peau que l'on vous a confiée, n'en faites pas une planque mais faites-en une scène. Soyez fier de vous, de la personne que vous êtes en cet instant, tout comme de celle que vous vous apprêtez à devenir.

Je ne souhaite pas que vous ressortiez de cette lecture comme un bon élève qui tente de bien sagement appliquer les règles. Car au fond, il n'y a pas de loi universelle, en tout cas pas pour nos chemins respectifs. Aucune loi divine ne s'applique à tout le monde dans la forme. Par contre, elle est la même pour tous dans le fond. La vie nous a été donnée, dans des circonstances plus ou moins belles ou dramatiques, quoi qu'il advienne, c'est un cadeau. Vous me parlerez peut-être de ces milliards d'individus qui naissent sur Terre et ne font que souffrir, je ne les oublie évidemment pas en vous écrivant ces propos. Cependant, je vous inviterai à revenir à vous, vous qui me lisez et avez sûrement des pouvoirs enfouis qui pourraient tout changer. Vous avez les capacités, les moyens et les ressources, il ne tient qu'à vous de les contacter, d'en prendre enfin conscience. Vous voulez aider votre prochain et je vous comprends infiniment, sauf que pour ça, il faudrait partir d'un endroit où vous ne survivez plus.

Rien ne manque en vous, il n'y a pas d'erreur, pas de faute. Vous n'entrerez pas en résonance avec tout le monde et c'est tout le principe de l'attraction, évitez de vous faire perdre du temps à vouloir coller partout. Bâtissez une relation stable et aimante avec vous-même et vous aurez déjà fait une immense partie du travail. Vous deviendrez alors capable de ne plus perdre votre temps aux mauvais endroits, puisque vous aurez comme point de référence la relation apaisée et nourrissante que vous vivez déjà. Dans ce cas de figure, on développe du discernement, et on accepte sans aucune lutte de ne pas vibrer partout et auprès de tout le monde. Et l'aimant s'active comme par enchantement. Vous ne forcez plus, mais vous invitez les projets de votre épanouissement, à faire brusquement apparition dans vos vies.

De la même manière qu'avec la créativité, je n'ai jamais forcé une idée. Elles me sont toutes apparues, fruits d'un cheminement qui après coup semblait logique, mais surviennent surtout dans un processus complètement magique. J'observe que lâcher le contrôle des choses, pour simplement mettre en place un écrin à leur réception, permet d'obtenir ce dont j'ai besoin dans l'instant. Que ce soit une solution pour débloquer la serrure de ma porte, trouver le projet d'un nouveau livre, ou encore avoir la bonne idée pour rentrer de l'argent dans mon entreprise, en restant confiante et à l'écoute, et sans me laisser déborder par mes insécurités, je trouve toujours ce que je cherche. Comme nous l'avons explicité au cours de ce livre, certains appellent ça de la chance ; personnellement, j'appelle ça de l'intelligence. On va même la nommer *intelligence divine*, c'est joli, non ? Et plus vous restez positif, confiant et créatif dans votre façon de traiter vos « problèmes », quels qu'ils soient, plus les solutions apparaissent miraculeusement. En fait, c'est une question d'attraction.

Face aux sujets de ma vie, j'entreprends un chemin de compréhension. Plutôt que de m'en sentir victime, j'essaye rapidement de m'en sentir responsable, de comprendre la mécanique en place et d'y remédier. Toutes les étapes que je vous ai décrites plus haut sont des supports, des espaces par lesquels reconnecter à votre sentiment de vie, et ne vous seront utiles qu'à réveiller votre pouvoir, pas à le faire exister. Car évidemment, il existe déjà, votre programmation divine est déjà à l'œuvre, et ce depuis votre conception. Vous êtes le miracle que vous attendiez, le sentiment d'exaltation que vous espériez, le repère d'amour dans lequel vous rêvez de vous abandonner. Le reste suivra, je vous assure. L'amour appelle l'amour, et quand parfois, on en perd temporairement le chemin, ce sentiment grandiose sait nous retrouver. Il est un défibrillateur puissant pour relancer l'activité vitale, dont on se souviendra toujours, avant la mort et après la vie. Il est la seule trace que nous laissons sur Terre, dans le cœur de tous ceux avec lesquels nous l'avons partagé. Il doit constituer notre unique but, notre seule destination, la vraie du moins, et celle qu'on nous regrettera absolument jamais d'avoir empruntée.

L'amour nous rend beau, plus vaste. Il étoffe ce que l'on est et nous fait accéder à un désir plus grand encore que tous les vœux que nous avons faits sur Terre car il transcende n'importe quel être qui le ressent. Grâce à lui, nous cessons d'être des athées, des fugitifs, des hors-la-loi, à la fois bandits et voleurs, victimes et bourreaux. Nous accoucherons du meilleur de ce que nous sommes, devenant une source vertueuse pour soi et les autres, pour les proches et lointains, et pour cette humanité. Le vrai pouvoir de l'attraction existe dans cet interrupteur, qui s'allume en vous et allume ceux qui doivent vous connaître, allume les lumières sur le trajet de votre destinée, allume la lueur d'espoir dans les instants d'obscurité et l'aurore lorsqu'il est temps de se réveiller. Reprenez le pouvoir en allant explorer tout ce qui vous provoque de l'amour, en refusant courageusement ce qui n'en a pas le talent. Choisissez de vivre pour vous, pour l'ivresse, l'extase, pour être traversé par vos nuances et vos émotions. Choisissez d'ouvrir vos cœurs, de fondre en larmes autant que de rire aux éclats, montrez aux autres ce que vous ressentez, toujours.

Gardez en tête que le contrôle inhibe notre pouvoir d'attraction alors que notre confiance l'active. Ne cessez donc jamais de croire en des lendemains grandioses, et créez-vous tout de suite un présent qui donne envie qu'on y reste, qu'on habite encore plus intensément chacune de ses secondes. Nous sommes tous faits pour la vie, alors si vous avez l'occasion de la choisir, faites-le ! Elle est le seul choix louable, clair, évident ! Choisir là où votre cœur battra un peu plus fort que la minute d'avant, c'est votre seule chance d'attirer votre plus beau destin. Alors pour tout, dans n'importe quel contexte et tout le temps, cessez de prendre vos décisions pour vous rassurer, prenez-les pour aimer et pour honorer cet être que vous étiez, celui que vous êtes et celui qui naîtra

> « *Le contrôle inhibe notre pouvoir d'attraction alors que notre confiance l'active.* »

du mariage serein et apaisé entre les deux premiers. Cette future version de vous-même qui sait déjà que tout est là, depuis le tout premier instant, et que simplement, il nous a fallu le temps d'une première vie pour nous en rendre compte.

FIN (ou plutôt, c'est là que tout commence…)

Remerciements

Yohan, mon grand frère, l'attraction, c'est notre sujet préféré. Je te remercie pour les mille et un échanges passionnants que nous avons à son propos et depuis tant d'années.

Eaden, merci pour tes éclairages puissants depuis bientôt dix ans, et de m'avoir permis de m'interpréter de la plus belle des manières, dans les instants où je perdais le fil.

Merci à tous ceux qui ont toujours cru en moi, mais également à ceux qui m'ont fait douter, vous avez amplifié et solidifié ma foi, vous m'avez donné envie d'avoir raison. Pas pour vous donner tort, mais simplement pour assumer ma vérité !

Merci à tous ces inconnus, à nos rencontres fortuites et puissantes sur Terre. Beaucoup de nos interactions m'ont accompagnée et permis de vivre une énorme dose de magie et d'émerveillement. Merci pour votre aide maintes fois, c'est en pensant à vous tous que je ne cesserai jamais de croire en cette humanité.

Merci à mes parents, il y a presque trente-trois années, vous avez conçu une vie qui, aujourd'hui, est moi. Et clairement, c'est ça le vrai miracle !

Last but not least, merci à vous chers lecteurs, à mes clientes (petit clin d'œil à mon badass club également), vous êtes des trésors et nos aventures, nos accompagnements et nos chemins communs donnent un sens infini à ma vie.

Composition et mise en pages
Nord Compo à Villeneuve-d'Ascq

PAPIER CERTIFIÉ
LAROUSSE s'engage pour l'environnement en réduisant l'empreinte carbone de ses livres.
Celle de cet exemplaire est de :
400 g éq. CO_2
Rendez-vous sur
www.larousse-durable.fr

Achevé d'imprimer en Espagne
par Unigraf SL
Dépôt légal : septembre 2024

334938/01 – 11053916 – juillet 2024